认知自我与规划人生：
大学生职业生涯规划与就业创业发展研究

李竹宇　著

北京燕山出版社

图书在版编目（CIP）数据

认知自我与规划人生：大学生职业生涯规划与就业

创业发展研究 / 李竹宇著 . — 北京 ：北京燕山出版社，

2021.12

　　ISBN 978-7-5402-6242-6

　　Ⅰ . ①认… Ⅱ . ①李… Ⅲ . ①大学生－职业选择－研

究 Ⅳ . ① G647.38

　　中国版本图书馆 CIP 数据核字（2021）第 219227 号

认知自我与规划人生：大学生职业生涯规划与就业创业发展研究

著者：李竹宇

责任编辑：邓京

封面设计：马静静

出版发行：北京燕山出版社有限公司

社址：北京市丰台区东铁匠营街道苇子坑 138 号嘉城商务中心 C 座

邮编：100079

电话传真：86-10-65240430（总编室）

印刷：北京亚吉飞数码科技有限公司

成品尺寸：170mm×240mm

字数：212 千字

印张：11.75

版别：2022 年 4 月第 1 版

印次：2022 年 4 月第 1 次印刷

ISBN：978-7-5402-6242-6

定价：70.00 元

前　言

　　21 世纪是竞争更加激烈的时代,是充满机遇和挑战的时代,是实现中华民族全面振兴的时代。求职择业是每个人面临的重大人生课题之一,也是每个大学毕业生最关注的问题。大学生是国家的未来,是民族的希望,大学毕业生的就业问题不仅直接牵动着广大学生及其家庭,还与我国社会建设目标的顺利实现休戚相关,更关系到整个高等教育的健康发展和社会的和谐稳定。

　　职业是很多人安身立命之所在,是人们奉献社会的一种途径,同时也是一种精神寄托。大学阶段是人生历程的一个重要转折点,也是学生正式进入职业生涯的准备阶段。大学专业学习不仅为从事的职业确定了基本方向,而且会为学生提供职业发展的基本素养。经历过大学生活的毕业生,会更清楚地认识到大学是实现自身从学校人向社会人转变的过渡期。因此,大学生在大学期间一定要未雨绸缪,尽早为自己做好生涯规划,既要考虑今后的职业发展方向,也要立足现在,规划好大学生涯。

　　近年来,随着高等教育大众化进程的推进,我国高等教育已由过去的精英教育转变为大众教育,大学毕业生就业难的问题日益加剧,毕业生在选择职业时存在较大的盲目性,在求职过程中心理落差较大。他们在面对较为复杂的社会环境时,总会感到惶惑和不适应。鉴于此,特撰写了本书。

　　本书共包括十章内容:第一章对大学生自我认知的相关知识进行了研究,首先对自我认知的内涵进行了研究,接着分别对兴趣、性格、能力以及价值观认知进行了研究,通过本章内容的学习,可以让大学生学会正确认识自我,从而做好正确的规划;第二章至第五章分别对职业生涯规划的基本知识、大学生职业生涯规划的制定与实施、大学生职业生涯规划的评估与修正、大学生职业生涯规划的管理的相关知识进行了研究,有助于大学生了解规划、做好规划、调整规划和管理规划;第六章至

第八章对大学生就业准备、就业技巧以及就业权益及就业陷阱防范的相关知识进行了研究，有利于大学生顺利就业；第九章和第十章分别对大学生自主创业和创新企业管理的相关知识进行了研究。总体来说，本书结构清晰明了，内容丰富翔实，理论明确系统，语言准确通俗，具有全面性、实用性和可操作性等特点。相信本书的出版，对于大学生顺利就业和创业具有积极意义。

本书在撰写过程中参阅了许多有关大学生职业规划与就业指导方面的著作，同时也引用了许多专家和学者的研究成果，在此表示最诚挚的谢意！由于时间仓促，作者水平有限，书中存在不足之处在所难免，恳请广大读者在使用中多提宝贵意见，以便本书的修改与完善。

作　者

2021 年 8 月

目　录

第一章　认知自我:大学生的自我认知

对自我的认知是一件很重要的事情,不能正确认知自我的人是难以成功的。认知自我并不是简单地找出自己的优点和缺点,而是要深入地了解自己的需要,了解自己热爱的事物,了解自己的行为倾向等。只有进入你自己内心的深处甚至是潜意识的层面,你才能找到自己的痛苦之源,才能找到突破的方向,产生积极的改变,才能有生涯的成长。本章即对自我认知的相关知识进行简要研究。

第一节　自我认知的内涵

一、自我认知的概念

自我认知是对自己各个方面的深入了解与再认识,是对自身资源的整理与发掘的过程。自我认知帮助我们认识心理动力、性格特征、价值观等,并把这些发现有机地融合到未来的职业选择中,引导我们走入职业生涯发展的快速通道。[①]

二、自我认知的内容

自我认知的内容主要包括以下四方面(图 1-1)。

---

① 　杨红英.大学生职业生涯规划[M].昆明:云南大学出版社,2015.

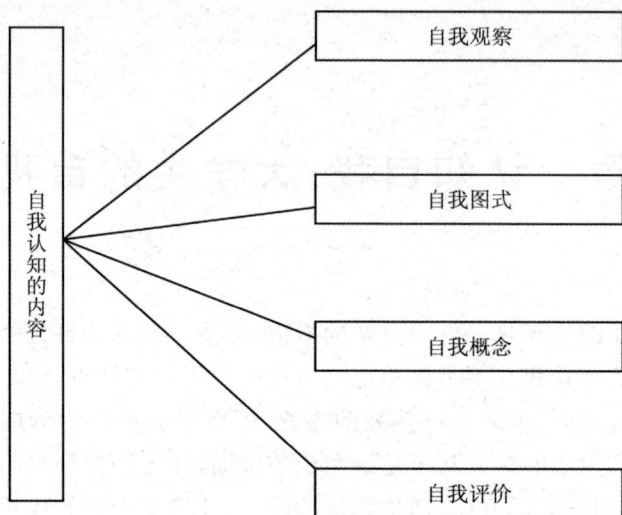

图 1-1　自我认知的内容

（一）自我观察

自我观察是心理学的研究方法之一，是对自我所感所知、所思所想、情感、意向等内部经验感受的观察和分析，并将结果报告出来。

（二）自我图式

自我图式是个体在以往经验基础上而形成的对自我概括性的认识，能够组织和引导个体完成与自我有关的信息加工过程，个体会在自我图式的基础上加工形成有关自己的信息。

（三）自我概念

自我概念是一个人对自身存在的体验，是对人体行为、能力和独特特征的自我认知，是自我内心中"我是谁？"这一问题的答案。它是个体基于成长经验、自我反省和他人的反馈，通过自我认知、判断和评价，收集和构建有关自己的信息，并随着人们对自己想法的扩展而不断发展。

（四）自我评价

自我评价是个体对自身条件、知识、能力、素质、才能等各方面情况的自我判断，是对自己的综合评估，是自我意识的一种形式。

三、自我认知的误区

大学生在进行自我认知时会存在许多误区，概括来说，主要包括以下几方面。

（一）认知内容的片面化

职业生涯规划要求个体清晰和准确地进行自我认知，有人习惯把职业测评和职业咨询的结果解读成自身这个特殊"化合物"的化学成分分析报告，或者自己的血型鉴定、DNA 鉴定报告。类似误读是有害的，仅以自我认知内容中职业能力的认知为例，其原因有以下两点。

（1）能力在心理学中定义为直接影响活动的效率和使活动顺利进行的个性心理特征，它具有相对稳定性，但并非数学中的不可变量。

第一，包含个性特征在内的人的心理特征就是一个动态的心理过程，人的各项职业能力随着个体职业经验的增加不断得到拓展。

第二，每个人都潜藏着未被发现的各项潜能，这些潜能在积极的认知模式下，在科学合理的目标下会得到良好的激发。

（2）职业本身也是不断发展的，职业方式的变化、职业地位获得方式的变化、职业流动方式的变化、职业成功标准的变化，都要求个体职业能力必须不断发展和提升，以便提高自身的职业核心竞争力。

（二）认知方式的单一化

个体由于自己的思维模式或者行为模式，往往只选择一种认知方式。例如，有的大学生仅凭着感觉认为自己与别人某方面或者某些方面相似，就错误地认为自己可以复制对方的成功路线。还有的大学生常常把亲朋好友、老师和同学等对自己的评价作为自我认知的结论。自我认知的结果与他人评价的结果往往有很大的出入，这样的认知结果本身不具备足够的信度和效度，更不能用它指导自我进行生涯规划。

（三）认知结果的静态化

人类是毕生从事认知的生物，人类的心理以重要的方式发生着变化，改善与生涯决策有关的自我认知是一个终生的过程，永远不会结束。人在成长的过程中，一定还有某种潜能从来没有被开发出来。事实上，每种生活经历都会增加人的价值观、兴趣和技能的信息储存。没有一种生活经历会被浪费，有时候，我们宝贵的经验就源于那些最开始被认为失败的经历。有时，学生说他们选错了专业，其实大学是通识教育，未来完全对口的工作将越来越少，无论什么专业，更重要的是培养学习能力和思考能力，这样换一种视角看问题，会让你的人生态度更加积极。

总之，大学生的职业生涯规划，绝不是写在纸上的一成不变的静态结果，它是一个为了实现目标而不断变化的动态过程。

第二节 兴趣认知与性格认知

一、兴趣认知

（一）兴趣的概念

兴趣是力求认识、探究某种事物或从事某项活动的心理倾向。我们通常所说的"喜欢做某事"其实就是兴趣的外在表现形式。兴趣以需要为基础，由对事物的认识和获得在情绪体验上的满足而产生，是我们为从中获得乐趣而做事的心理倾向。

兴趣对我们从事的活动、学习的专业、选择的职业有导向性的影响。当我们的选择与我们的兴趣相一致时，我们便会感到愉悦，而当我们的选择与兴趣不匹配时，我们选择的持续性会大大降低。

需要注意的是，这里所说的兴趣并不局限于我们日常环境中的爱好，如唱歌、跳舞，打篮球等。实际上，可以将兴趣分为有趣、乐趣、志趣三个层次。

1. 有趣

短暂易逝，时而不稳，常与对某一事物的好奇感有关。随着好奇感的消失，兴趣也自然消减。比如，追某一部电视剧或者电影，随着放映的结束，这种兴趣就消失。

2. 乐趣

在有趣定向发展的基础上形成的兴趣层次。这一阶段，兴趣会变得专业、深入。比如，原来只是觉得弹吉他很酷很帅的同学，在学习了一段时间之后逐渐喜欢上吉他弹奏，一有时间就练习，并乐在其中。

3. 志趣

与社会责任、理想、人生目标相关联，有社会性、自觉性和方向性，是取得成功的根本动力和保证。比如，有同学特别喜欢打游戏，也非常擅长打游戏，打进了国家队，以参加游戏竞赛、游戏公司内测、游戏开发为职业。

(二)兴趣的影响因素

兴趣是受多种因素影响的，概括来说主要包括以下几方面（表1-1）。

表1-1　兴趣的影响因素

影响因素	具体内容
家庭环境	家庭环境和家庭背景对职业兴趣的养成有直接的影响。如父母是教师，可能会使子女从小就对教师这一职业感兴趣，当然也可能会因为父母经常抱怨教师这一职业的艰辛而使子女对教师职业无法产生兴趣
受教育程度	受教育的程度决定着个人的知识与技能水平的高低，而知识与技能水平正是社会职业从客观上对从业人员的要求。因此，个人自身接受教育的程度是影响其职业兴趣的另一重要因素。一般来说，个人学历层次越高，接受职业培训范围越广，其职业取向领域就越宽

续表

影响因素	具体内容
个人需要与个性特征	兴趣是以个人需要为前提和基础的，人们的需要有物质需要、精神需要以及社会需要之分，因此人的兴趣也就有物质兴趣、精神兴趣之分。通常，人的物质需要是暂时的、容易满足。而人的精神需要却是稳定的、持久的，是一直在追求的，并持续发展着的。需要指出的是，个人兴趣与爱好品味的高低还会受一个人的个性特征优劣的影响
职业需求	职业需求是从个人角度来说的，职业需求是指一个人对某种职业的渴求与欲望。而这种渴求与欲望正是成为一个人职业行为的积极性的源泉。社会分工越来越细，新兴职业需求不断涌现，职业选择机会将会越来越多

（三）职业兴趣的概念

职业兴趣是我们对某种职业或者从事某种职业活动所表现出来的特殊倾向。职业兴趣直接影响我们今后对待自己所从事职业的态度和取得成就的大小。把兴趣变成职业兴趣，其中最关键的要素就是要具备与兴趣相对应的职业能力，工作不能仅靠热情和爱好，也就是你喜欢做的事不一定是你擅长做的工作。与个人兴趣不同的是，职业兴趣还强调责任意识，它包括：承担工作结果的责任、对家庭的责任以及社会责任感。这是兴趣与职业兴趣本质的区别，我们应该正确地认识到：职业兴趣＝兴趣＋能力＋责任，是个人兴趣、能力和责任的集合体。[①]

（四）六种职业兴趣类型

霍兰德将职业兴趣归纳为现实型（R）、研究型（I）、艺术型（A）、社会型（S）、企业型（E）和常规型（C）六种类型（表 1-2）。

---

① 吴继霞，吴铁钧，黄文军. 大学生生涯发展规划理论与实务［M］. 苏州：苏州大学出版社，2012.

表 1-2　霍兰德职业兴趣类型

职业兴趣类型	匹配的职业领域	特征
现实型（Realistic）	1. 需要熟练技能方面的职业 2. 动植物管理方面的职业 3. 机械管理方面的职业 4. 手工艺或机械修理、机械操作等职业	1. 实践操作能力强，手脚灵活、动作协调，更愿意使用工具、器械等从事操作性、集成性创新的工作 2. 具备工匠精神，做事情一丝不苟、精益求精，能执着专注于具体目标的实现，特别热衷于创造新的事物和解决当下问题 3. 不善交流沟通，对联络、管理和监督等活动不感兴趣
研究型（Investigative）	分析员、设计师、生物学家等	1. 有独立思考的能力，愿意从事智力的、抽象的、逻辑思维的、原创性的工作，对于探索前沿、未知领域有极大的热情 2. 善于发现问题，喜欢逻辑分析和推理，能够通过思考和分析解决问题，喜欢有难度、有挑战性的工作 3. 不善交流沟通，不善于领导团队，对管理工作不感兴趣
艺术型（Artistic）	美术雕刻、工艺工作、舞蹈、戏剧等	1. 个性鲜明，艺术想象力丰富，更愿意从事借助文字、声音、色彩等形式来表达创造力和美的艺术创作工作 2. 情感细腻而复杂，做事追求完美且理想化，独立自主且个性鲜明 3. 对结构化、程序化的工作不太喜欢，不喜欢管人和被人管

续表

职业兴趣类型	匹配的职业领域	特征
社会型（Social）	学校教育和社会教育方面的工作、社会福利事业、医疗与保健方面的工作、商品营销工作等	1. 乐意从事与人打交道、为他人提供服务的工作 2. 善于沟通交流，喜欢倾听和了解他人，会开导人，并乐于帮助他人成长 3. 习惯于以交流、协商、谈判等方式，通过调整人际关系来化解和解决所面临的问题，对于技术复杂、操作性强的工作没有兴趣
企业型（Enterprising）	商业管理者、律师、推销商、市场经理或销售经理、体育运动策划者、电视制片人和保险代理等	1. 追求高出平均水平的收入，喜欢利用权力、关系、地位，希望成就一番事业 2. 通常精力充沛、自负、热情、自信，具有冒险精神，能控制形势，擅长表达和领导 3. 他们大多会在政治或经济领域取得成就
常规型（Conventional）	会计、银行出纳、图书管理员、秘书、档案、税务等	1. 更愿意在一个大的机构中处于从属地位、跟随大流 2. 大多具有细心、顺从、依赖、有序、有条理、有毅力、效率高等特征 3. 他们多擅长文书或数据工作，通常会在商业事务性工作中取得成就

二、性格认知

（一）性格的概念

性格是个体对待周围事物的稳定的态度，它由行为反映出来，是一种习惯化的行为方式。性格随个体差异,但后天形成的社会性对其认知有重大影响,性格更多地体现了人格的社会属性。性格一旦形成便比较稳定,个体之间个性差异的核心是性格的差异。

（二）性格的分类

根据不同的分类标准,可以将性格分为不同的类型。

1. 根据心理活动倾向性划分

瑞士心理学家荣格提出从心理活动倾向性上对性格进行划分,把人的性格分为外向型性格和内向型性格。

（1）外向型性格

外向型人心理活动倾向于外部,感情外露,待人接物果断,独立性强,但具有外向型性格的人也比较轻率。

（2）内向型性格

具有内向型性格的人,心理活动倾向于内部,对外界事物缺少关心和兴趣、感情比较深沉,待人接物也比较小心谨慎,处理事物缺乏决断力,然而一旦内向型性格的人对某件事下定决心总能锲而不舍。

2. 根据心理机能划分

按照理智、意志以及情绪三种心理机能中哪一种占优势,将性格分为理智型、情感型以及意志型三种类型。

（1）理智型性格

理智型性格的人一般以理智来衡量与支配自己的行动,在与人交往的时候表现为明事理、讲道理。

（2）情感型性格

情感型性格的人一般情绪体验比较深,言行举止容易受到情绪的左右。

（3）意志型性格

意志型性格的人目标明确,意志坚定,主动作为,其行为活动指向性强、执行力强,为了实现目标能够坚守初心始终如一。

（三）自我性格认知的方法——MBTI

MBTI 的全名是 Myers-Briggs Type Indicator，中文为迈尔斯·布里格斯性格类型测试量表。它是一种当今应用广泛的性格类型测试工具，是一种用于鉴别不同类型人格的问卷调查表，通过测量人们的心理偏好来区分人格类型。这些偏好并没有好坏之分，却形成了人与人之间的不同，使得这世界上的每一个人都有自己的特质。MBTI 用四维度偏好二分法评估一个人的类型偏好，再将四个维度的两个方向组合起来，形成 16 种人格类型。每个人都可以根据 16 种人格寻找到属于自己的那一种。

1. MBTI 四个维度的解释（表 1-3～表 1-6）

表 1-3　第一个维度：能量倾向——你的注意力集中于何处

外向 E	1. 注意力集中在外部世界的人或事物，关注自己如何影响外部环境，善于与人打交道，喜欢行动和变化 2. 喜欢外出，表情丰富，外露，喜欢交互作用，合群 3. 喜行动、多样性（不能长期坚持） 4. 不怕打扰，喜自由沟通 5. 先讲然后想，易冲动，易后悔，易受他人影响
内向 I	1. 注意力和能量集中于自己的内心世界，从对思想、回忆和情感的反思中获得活力 2. 从时间中获得能量 3. 喜静，多思，冥想（离群、与外界相互误解） 4. 谨慎，不露表情 5. 社会行为的反射性（会失去机会） 6. 独立，负责，细致，周到，不蛮干 7. 不怕长时间做事，勤奋 8. 怕打扰 9. 先想然后讲

表 1-4　第二个维度：接收信息——你是如何获得信息的

感觉 S	1. 关注由感觉器官获取的具体信息,喜欢收集实实在在的、确实已经出现的信息,对于周围所发生的事件观察入微,特别关注现实
	2. 着眼于当前的实际情况
	3. 关注真实的、实际存在的事物:观察敏锐,并能记住细节
	4. 经过仔细周详的推理一步步得出结论
	5. 相信自己的经验
	6. 喜欢按部就班地做事
	7. 善于记忆和与大量的事实打交道
直觉 N	1. 关注事物的整体发展和变化趋势,喜欢看整个事件的全貌,关注事物之间的关联
	2. 擅长发现新的挑战和可能性
	3. 富有想象力和灵感,遵照自己的灵感和预感做事,不喜欢精确地计算时间
	4. 喜欢学习新技能,但容易厌倦,可以迅速地、跳跃性地得出结论
	5. 通过第六感洞察世界,注重应该如何,比较笼统
	6. 喜学新技能
	7. 不重准确,喜抽象和理论
	8. 重可能性,讨厌细节
	9. 好高骛远,喜欢新问题
	10. 凭爱好做事,对事情的态度易变
	11. 提新见解,仓促结论

表 1-5　第三个维度:处理信息——你如何做出决定

思考 T	1. 喜欢通过客观分析做决定,重视事物之间的逻辑关系,能够预见到选择的逻辑结果。从分析和确认事件中的错误并解决问题中获得活力
	2. 分析、用逻辑客观方式做决策
	3. 坚信自己的观点正确,不考虑他人意见
	4. 头脑清晰、正义,不喜欢调和主义
	5. 工作中少表现出情感,也不喜欢他人感情用事

续表

情感 F	1. 喜欢考虑对自己和他人来说什么是重要的。会在头脑中将自己放在情境所牵涉的所有人的位置上并试图理解别人的感受，然后在此基础上根据自己的价值判断做出决定。珍重和谐，并能够为营造和谐的氛围而努力 2. 主观和综合，用个人化的，价值导向的方式决策 3. 考虑决策对他人的影响 4. 和谐、宽容，喜欢调解 5. 不按照逻辑思考 6. 考虑环境 7. 喜欢工作场景中的情感，从赞美中得到享受，也希望得到他人的赞美

表 1-6　第四个维度：行动方式——你如何与外界打交道

判断 J	1. 喜欢按照计划，有条理地、按部就班地生活和做事 2. 喜欢终止辩论和做出决定，愿意进行管理和控制，希望问题能够得到解决 3. 封闭定向：结构化和组织化；时间导向：决断，事情都有正误之分；喜命令、控制，反应迅速，喜欢完成任务；不善适应
知觉 P	1. 喜欢以一种灵活、自发的方式生活，更愿意去体验和理解生活而不是控制它。详细的计划或最后决定会使他们感到被束缚。愿意对新的信息和选择保持开放，直到最后一分钟 2. 开放定向：弹性化和自发化；探索和开放结局；好奇，喜欢收集新信息而不是做结论；喜欢观望，喜欢开始许多新的项目，但不完成；优柔寡断，易分散注意

2. 16 种人格类型及适合的领域(表 1-7)

表 1-7　16 种人格类型及适合的领域

16 种人格类型	适合的领域
ISTJ	工商业领域、政府机构、技术领域、金融银行业、医务领域
ISFJ	医护领域、消费类商业领域、服务业领域
INFJ	咨询、教育、科研、文化、艺术、设计等领域
INTJ	科研、科技应用、技术咨询、管理咨询、金融投资、创造性行业
ISTP	技术领域、证券、金融业、贸易、商业、户外、运动、艺术等领域
ISFP	手工艺、艺术领域、医护领域、商业、服务业等领域
INFP	创造性、艺术类、教育、研究、咨询类等领域
INTP	计算机技术、理论研究、学术领域、专业领域、创造性领域等
ESTP	贸易、商业、某些特殊领域服务业、金融证券业、娱乐、体育、艺术领域等
ESFP	服务业、广告业、娱乐业、旅游业、社区服务等领域
ENFP	广告创意、广告撰稿人、市场营销和宣传策划、市场调研人员、艺术指导、公关专家、公司对外发言人等
ENTP	投资顾问、项目策划、投资银行、自我创业、市场营销、创造性领域、公共关系、政治领域等
ESTJ	无明显领域特征
ESFJ	无明显职业领域
ENFJ	培训、咨询、教育、新闻传播、公共关系、文化艺术等领域
ENTJ	工商业、政界、金融和投资领域、管理咨询、培训专业性领域

第三节　能力认知与价值观认知

一、能力认知

（一）能力的概念

一般来说，能力是人顺利地完成某种活动所必须具备的心理特征。能力总是和人的某种活动相联系并表现在活动中，只有从一个人所从事的某种活动中才能看出他具有某种能力，离开了具体活动，能力就无法形成和表现。

人们习惯将能力分为一般能力和特殊能力两类（表 1-8）。

表 1-8　能力的分类

分类	具体内容
一般能力	一般能力是指各种活动普遍需要具备的能力，如记忆力、思维力、观察力、想象力、注意力等，这些基本要素构成综合稳定的个性心理特点，保证人们较容易和有效地掌握并运用知识，属于一般能力
特殊能力	特殊能力是指某种特定的活动特别需要具备的能力，如节奏感、色彩辨别能力等，属于特殊能力，它只在特殊活动领域内发生作用

（二）自我能力探索

即将踏入社会的毕业生应具备以下几种基本能力。

1. 学习能力

当代大学生无论在哪里都要勤于学习，坚持学习，不断完善自身的知识结构,以增强社会竞争力。

2. 实践动手能力

大学生要牢牢把握理论与实践相结合的原则,在掌握了一定理论知识后,还要将其应用到实践中,在实践中检验自己所学知识,并在实践中加深对知识的理解。

3. 社会适应能力

一般来讲,一个综合素质较高、各方面能力较强的毕业生在踏入社会后能很快适应环境和工作。

4. 组织管理能力

当代大学生要充分利用一切可以利用的机会和条件,努力锻炼自己的组织管理能力,以适应未来职业的需要。

5. 沟通协调能力

随着现代社会分工的日益精细,人与人之间的协作越来越重要,大学生不论是在学校还是踏入社会,都要学会与他人合作,沟通协调能力越来越受到用人单位的重视。

6. 创新能力

大学生作为社会主义事业的接班人和建设者,要不断吸取新知识、新事物,以不断完善自己的思维结构和思维方式,提高自己的创新能力,使年轻一代成为践行科学发展观、构建和谐社会的中流砥柱。

(三)职业能力认知

一个人如果不能很好地评估自己的能力,错误地选择职业,将无法发挥出自己的潜力,大学毕业生可以通过下表来认知自己的职业能力(表1-9)。

表 1-9　职业能力类型及其特点

职业能力类型	特点
操作型职业能力	以操作能力为主,是运用专业知识或经验,掌握特定技术或工艺,并形成相应的职业技能与技巧的能力
艺术型职业能力	以想象能力为核心,是运用艺术手段来再现现实生活和塑造某种艺术形象的能力
经营型或管理型职业能力	以决策能力为核心,是能够广泛地获得信息,并以此独立地做出应变、决策或形成谋略的能力
社交型职业能力	以人际关系协调能力为核心,是指深谙人情世故,能够掌握人际吸引规律,善于周旋、协调,且能使对方通力合作的能力
教育型职业能力	运用各种教育手段传授知识和思想或组织受教育者进行知识与态度学习的能力
科研型职业能力	以创造性思维为核心,是通过实验研究、社会调查和资料检索等手段进行新的综合、发明与发现的能力
服务型职业能力	以敏锐的社会知觉能力和人际关系的协调能力为主,是借助人际交往或直接沟通使顾客获得心理满足的能力

（四）不同能力类型的职业倾向

不同的人其能力结构与能力倾向是不同的。每个人拥有的技能是不同的,有优势能力也有弱势能力。可以说,"通才"与"全才"是少有的,大多数人都只是在某个或某些方面能力突出。对照表 1-10,可以得出不同能力的人所适合的职业。

表 1-10　不同职业能力类型的职业倾向

职业能力类型	职业倾向
操作型职业能力	打字、驾驶汽车、种植、操纵机床、控制仪表等
艺术型职业能力	写作、绘画、演艺、美工等
经营型或管理型职业能力	经理、厂长等管理领域及各行业负责人
社交型职业能力	联络、洽谈、调解、采购等
教育型职业能力	教育、宣传、思想政治工作等
科研型职业能力	研究、技术革新与发明、理论研究等
服务型职业能力	商业、旅游业、服务业等

二、价值观认知

（一）价值观的概念

价值观是指一个人对周围的客观事物的意义、重要性的总评价和总看法。价值观是我们在生活和工作中所看重的原则、标准和品质。价值观指向我们内心最重要的东西，它是我们强大的内在驱动力，是引导行为的方向，是自我激励的机制。价值观属于个性特征中最深层次的特质，起着核心作用。价值观无时无刻不在影响着我们每一个人，决定着我们的职业生涯。

（二）工作价值观量表（WVI）

舒伯曾经制定了《工作价值观量表》（Work Values Inventory，WVI）用以衡量工作中和工作外的价值观以及激励人们工作的目标。在大量的试验和调查基础上，舒伯总结出人们的工作价值观大体分为13 种，每一种价值观都有对应的需求，同样也有对应的职业领域，如表 1-11 所示。

表 1-11　舒伯总结出的工作价值观

工作价值观类型	特点	适合的领域及职业
利他主义	利他主义是一种无私、自主、自发的把社会利益、公共利益置于个人利益之上的生活态度和行为原则。利他的行为必须付诸行动，但意愿比结果更重要，如助人为乐、合作谦让、无私奉献等更多强调的是精神意愿层面。利他主义很多情况下是没有直接的行动收益，因此持有利他主义职业观的人不得不面对的问题是付出与回报之间的不对等	重视利他的人适合在社会福利、公共教育、医疗卫生、环境保护、公共文化体育等行业领域，从事为他人或社会服务的相关工作，这些行业不论做什么职位，都可以直接或间接地帮助到他人，在奉献的同时，照亮了别人，也体现了自己。
审美	重审审美的人，必然会用心创建美、感受美，审美既是追求也是享受。这种对美的追求并不要求必须具备深厚的艺术功底，也不是限定于只能从事艺术创作相关的工作。在日常工作中，如策划一个活动，布置或安排一项工作，亦或是设计一件产品，都可以将对美感的追求融入到具体的工作中	重视美感的人适合从事与设计、创意、创作有关的工作，如产品设计、广告设计、界面设计、创意与策划、文艺创作与影视制作等职业。行业方面，可以进入对创意、创作、设计有需求的行业，如产品设计、服装设计、建筑设计等；也可以进入其他行业中的市场或设计部门
智力刺激	智力刺激职业价值观认为工作中要不断进行智力开发，要多动脑思考、学习以及探索新事物，要开动脑筋解决新问题	重视智力刺激的适合从事新技术研发、新产品设计、新问题探索等工作，因为"新"，所以会面临前所未有的新问题，只有通过勤学苦思才能解决，才可以满足智力开发的需要。从行业类型上来看，适合进入技术创新为主的新兴产业，如微电子、互联网、新材料、新金融、融媒体、新能源等

续表

工作价值观类型	特点	适合的领域及职业
独立性	独立性是指在工作中不易受外在影响，能独立自主提出行动方案并加以实施，具备勇敢、自信、专注等能积极主动完成各项工作的心理品质。	重视独立性的人比较适合的职业类型有客户代表、运营官、部门主管、教师或培训师等可以独立工作，能发挥自己专长的职业。比较适合在中小企业或创新团队中任职，如互联网公司、小型创业公司等，是担任决策者的合适人选。而层级分明的"高层－中层－基层"的金字塔组织，如大型国企、事业单位等并不适合，因为在其中需要考虑各方面的想法，而不能完全按照自己方式行事
社会地位	持社会地位职业价值的人期望自己从事的工作在人们的心目中有较高的社会声誉和社会认可，从而使自己得到他人的重视与尊敬，获得较高的社会地位和社会声望	重视社会声望的人比较适合从事社会主流认可的工作，比较适合的职业类型有公务员、大学老师、医生、大型企业员工等。适合的组织类型主要有政府机关、事业单位以及规模较大的公司等。适合的行业类型主要有金融、文化教育、互联网等
成就感	成就感是指个人通过努力完成一件事情时所获得的愉快或成功的感觉。持成就感职业价值观的人认为工作的目的和价值，在于不懈奋斗，不断取得新成就，以此获得领导与同事的赞扬，实现自身价值与梦想。绝大多数人都期盼在工作中大展拳脚，成就满满。然而，许多的工作短时间很难出成果，不容易得到领导和同事的赞扬，这时可以通过自我调节的方法来维持自我观感，如将大目标分解成小目标，在实现一个个小目标的过程中肯定自己的成就，实现自我超越，自然会获得极大的成就感	重视成就感的人适合从事业绩目标明确且可衡量性的工作，如市场开发、产品销售、生产制造、新产品研发等。从组织类型上看，民营企业、新兴的中小型创业公司会有更多的机会获得成就感，国有企业和事业单位不容易 获得成就感

续表

工作价值观类型	特点	适合的领域及职业
管理	持管理职业价值观的人在工作中希望可以成为管理者,通过计划、组织、领导、协调、控制等方式行使对他人或某事物的管理支配权,期望能协调、指挥和调遣他人来实现既定目标	重视管理的人比较适合从事与管理有关的工作,如在企业、行政事业单位的管理层任职,如项目主管、部门主管、单位领导等。在组织类型或行业方面并没有特殊的限制。除了在企业和事业单位就职,也可以考虑自己创业,由此实现充分展现自己管理才能的需求
社会交际	社会交际表明你喜欢与人打交道,有能力建立比较广泛的社会联系和关系,具备妥善处理协调各方面关系的能力	重视社会交际的人有很好的沟通协调能力,适合从事与人打交道的工作,如销售、推广、传播、公关、展会服务等。其工作要求是要与人接触,对行业没有特殊限制,不过公关、媒体、广告、会展等行业会有更多的机会与不同的人接触,可以重点关注这些行业
安全感	职业价值观倾向是安全感的人期待有一个轻松愉悦、收入稳定的工作岗位,他们对工资收入、岗位升迁相对不敏感,最不愿意从事技术更新快、工作节奏快、竞争激烈的职业	重视安全感的人适合进入政府机关、事业单位或者国有企业等单位,这些类型的组织机构有相对稳定的工作环境,能满足对安全感的需求。不适合进入小型民营企业或初创公司,因为这些公司所处的市场环境变化较快,工作节奏快,岗位竞争激烈,常带来紧张和不稳定感

续表

工作价值观类型	特点	适合的领域及职业
多样性	职业价值观倾向是多样性的人讨厌一成不变，追求新意，乐于打破固化形式，期待工作的内容经常变换，在工作和生活中演绎出丰富多彩	追求多样性的人适合从事有创造性的不重复枯燥的工作，如市场策划、互联网推广、广告宣传、创意设计等。在行业方面比较适合进入新兴产业，如互联网、文化创意、新媒体、新能源、新材料等，这些产业刚刚兴起不久，不确定性、不稳定性十分突出，会让人觉得工作丰富而不单调；相反，一些传统行业工作流程相对固定，如制造业和服务业的就不适合。从组织类型上看，民企或创业公司更能满足你对多样性的追求，而大型国企、政府、事业单位的工作相对较为稳定，流程相对固定，并不适合你。值得注意的是，大多数职位在初级阶段都会经历重复枯燥的过程，当积累了一定经验之后，你将会负责更多新的任务，工作就会变得丰富多彩起来
工作环境	职业价值观倾向是工作环境的人期望舒适、愉快、友好、轻松、自由的工作氛围和工作环境，希望工作可以带来愉悦的体验，放松心情和享受乐趣	职业价值观倾向是工作环境的人适合从事行政管理类的工作。这类工作具有标准化、流程化、周期性、常态化、规律性的特点，能满足对舒适性的要求；与业务直接关联的工作则不适合，因为业务部门的工作压力往往要大于支持部门。从组织类型上看，适合政府、企事业单位和各类社会组织等，这些组织的工作环境较好，软硬件设施和办公条件较好，作息也比较规律，能满足对舒适的需要。一些大型互联网公司的工作环境也非常舒适，一定程度上能满足对舒适的需要。但是由于互联网公司项目需求变动频繁，工作压力较大，加班加点是常态，所以是否进入需要仔细权衡

续表

工作价值观类型	特点	适合的领域及职业
经济报酬	职业价值观倾向是经济报酬的人在工作中你非常重视薪资报酬，期望得到更高的收入以获取更好的物质生活条件。但他们也不是为金钱而工作，更多的是希望发挥自己的最大潜能，凭自己能力获得高薪回报来体现自身的价值	职业价值观倾向是经济报酬的人比较适合从事高收入、高回报的工作，典型的如各行业的产品销售、金融分析师、互联网从业人员等，这些职业可以在较短时间内获得较高的回报。从行业类型上看，适合进入有巨大市场的新兴产业，包括生物技术、互联网、金融保险、新媒体、医疗等行业
人际关系	职业价值观倾向是人际关系的人，期望和谐的人际氛围和工作环境，希望一同工作的人相互尊重、彼此包容、和谐相处、相处融洽，认为和谐融洽的人际关系是很有价值的事，是一种精神境界极大的满足	职业价值观倾向是人际关系的人应该关注年龄相近、教育背景类似、业务与专业对口的单位。比如可以重点考虑成员平均年龄与自己年龄相近、业务领域与专业对口的公司，在这样的组织中，同事跟你年龄相仿，教育背景相同，更容易相处。一般的国企和事业单位不太适合，因为这些组织中人际关系相对复杂。从行业方面看，从事教育、传媒、公益等事业的人相对容易交往。值得注意的是，无论你在什么单位从事什么工作，要想在职业上取得成功，你都需要处理好人际关系，因此在选择职业时仅适合作为参考因素。处理人际关系是一门学问，也是一门艺术，而且是可以学习和培养的，一个能够处理好人际关系的个体，在哪儿工作都不是问题

第二章　了解规划:职业生涯规划概述

机会总属于有准备的人。职业生涯规划的理论和实践同我们职业的成功乃至人生的成功密切相关,进行职业生涯规划是迈向求职理想的第一步,而大学生的职业规划更是个人走向职场的基础性准备工作。大学生还有很多知识需要学习,经验需要积累,要在有限的时间内提升自身的综合素质,就必须有明确的目标,为实现目标制订可行性的计划,对计划进行管理以及为实现目标付出努力。

第一节　职业生涯规划的内涵

一、职业生涯规划的概念

职业生涯规划又称为职业生涯设计,普遍认为是著名管理学家诺斯威尔(William J. Rothwell)首先提出这个概念的。他认为,职业生涯设计就是个人结合自身情况及眼前制约因素,为自己实现职业目标而确定行动方向、行动时间和行动方案。尽管之后其他学者对职业生涯规划的概念有不同的理解,但各种理解上的差异并不能掩盖职业生涯规划在人们观念中的共识。

二、职业生涯规划的特征

职业生涯规划具有显著的特征,概括来说主要包括以下几方面(表 2-1)。

表 2-1 　职业生涯规划的特征

特征	具体内容
个性化	每个人的成长环境、文化背景、职业目标、对社会的认知等不尽相同,所以不同的人的职业生涯追求不同,规划也不相同。因此,职业生涯规划必须由自己来做,别人无法替你做规划。每个人的个人职业生涯规划都具有强烈的个性特征,是个性化的发展蓝图,虽有共同的规律,却没有固定的模式,只能由个人根据自己的实际情况制定
时间性	职业生涯规划有一个时间跨度。按照规划时间的长短,个人职业生涯规划可分为短期规划、中期规划、长期规划、人生规划四种类型。人们通常是长短期并举,首先确定人生规划、长期规划,而在操作层面上则把中期规划作为个人职业规划的重点。因为时间太长的规划因环境和个人自身的变化很难具有操作性,时间太短的规划意义又不太大,而中期规划既易依据现有条件做,又便于根据规划执行的反馈信息及时调整规划的策略与内容,使中短期规划更具可操作性
开放性	个人职业生涯规划要置身于社会环境、组织环境和他人的影响之中。因为人是社会动物,一份有效的职业生涯规划必须是在对主客观条件审的基础上,广泛听取他人的意见之后才制定出来的。而且,在这个开放变化的社会里,有效的个人职业生涯规划要经历数次的修正和调整,绝不是一成不变的

三、职业生涯规划的误区

大学生在制定职业生涯规划时也会存在许多误区,概括来说,这些误区主要包括以下几方面。

（一）将职业生涯规划目标设置得过高

一个人应该树立远大的志向,但是在现实生活中,每个人都应该对自己有充分的认识,当设置的目标与自己的能力相差太远时,一定要重新审视自己的目标,要从实际出发,将自己的目标定的符合自己的实际情况。

（二）认为兴趣就是职业

在现实生活中,很多大学生都认为自己的兴趣就是自己的职业方向所在,其实不然,兴趣并不等于职业。大学生在选择职业时,应该将自己的兴趣作为重要的参考因素,但并不是唯一的因素,一旦大学生将兴趣作为了选择职业的唯一标准,那么就很有可能在未来的职业生涯中遇到极大的挫折。

（三）不能正确评估自己

进行职业生涯规划时都需要进行自我评估,其目的在于找出自己的优势和不足,从而找出适合自己发展的职业目标。但很多的人看不到自己的优势所在,对自己过分否定,从而丧失信心,制定的职业目标过低,不利于个人职业的发展。

（四）认为职业生涯规划是一成不变的

职业生涯规划是一个不断发展的过程,保持灵活性、适时地评估与调整是必要的。有效的职业生涯规划必须处理好灵活性与稳定性之间的关系。当然,调整也应适度适时,绝不能朝令夕改。如果规划不断地修订与变化,也将很难发挥其引领作用。

（五）认为职业生涯规划可以随时随意变动

有些学生在制定职业生涯规划时,盲目跟风,制定好了以后,看到这种职业收入高就想从事这种职业,看到那种职业收入高又想从事那种职业,从而导致职业生涯规划根本不起作用,违背了职业生涯规划制定的初衷。

（六）认为只要守株待兔就好

很多人坚信成功者是由于有好的运气,碰上了好的机会,因此,他们就如同守株待兔中的那个农夫一样，天天等待着"兔子"的到来，而不是主动地规划自己，武装自己，去寻找"兔子"，这样的人，即使有"兔子"出现在自己的面前，他们也会因为自身的准备不足而与它失之交臂。

除此之外，大学生在职业规划方面存在的误区还有以下几种。

第一，错误地把职业规划等同于职业目标和学习计划，要明确职业目标不仅是知识的积累，更需要综合技能的提升。

第二，认为高学历代表高能力，意味着高收入，因此将更多的时间用于提升自身学历上，而忽略了自身实际能力的培养。

第三，不能很好地执行已经制定的职业生涯规划，没有实现行动与规划的真正统一，并且事后没有采取措施去补救，导致最终忘却自己的规划，职业规划如同纸上谈兵，并没有起到实际的效果。

第四，盲目地借鉴高年级学生或者其他学生的职业生涯规划，不能认识到与他人之间存在的各种差异，不能更好地结合自己的特长，以及自己在性格、特长、学识、技能、组织、协调、适应力、创造力等方面的不同。

第五，对外部职业信息不能有一个明确的认识，仅仅通过网络等间接渠道很难体会到职场的真实状态。而职业生涯规划是动态的，要结合这些实际信息进行规划、调整，才能达到更好的效果。

第六，自我分析不够全面，甚至过于片面，表现为高估自己的能力或者放大自己的不足，这是非常不利的。例如，如果过分低估自己的实际能力，耗费大量的时间、精力去改造自己的缺陷，倒不如用同样的时间、精力去锻炼、提升自己的优势，或许会有意想不到的收获。人无完人，认清自己的劣势，尽可能发挥自己的优势，是对个人资源最好的利用。

四、自我认知对大学生职业规划的意义

全面的自我认知是进行职业规划的基础。自我探索越充分，自我认知越清楚，越容易，准确定位符合个人特征的职业生涯目标，职业生涯规划的针对性与操作性越强，执行规划的动力越充分，个人职业发展的目标越容易达到。

（一）自我认知是大学生认识个人与社会关系的重要基础

大学生进行自我了解是认识个人与社会关系的一个重要基础。自我探索是一种积极、主动的愿望，有利于增强自信、挖掘潜能、提升自我；自我探索过程是一个不断学习的过程，自我探索重视个性发展，赞同张扬个性，同时强调个人需求与组织需求、社会需求的匹配。

（二）自我认知有利于大学生找到更多与职业的结合点

大学生对职业的了解较少，因此，很多大学生能将自己与未来职业联系起来的唯一结合点就是所学的专业。这给大学生造成的最大困扰就是能够寻找到的就业机会太少，而且这样的机会并非是自己感兴趣的，无形中增加了对未来职业生涯的恐惧感和无力感。自我认知的着眼点在于帮助大学生整理出自己能够投入的事情是什么，自己喜欢的做事方式是怎样的，哪些东西对自己来说是最重要的，或是自己的底线是什么等。自我认知通过增加认识自己的切入点，让大学生意识到，除了所学的专业，自己还可以在其他方面与多种职业相互联系，可以有更多的职业路径可供选择。拓宽了发展思路，大学生的就业压力就能够得到缓解，也更愿意为踏上自己喜欢的职业路径而努力付出。

（三）自我认知是大学生立志成才、奋发有为的动力

认识自我、把握自己的优势和弱点是大学生择业的基础。人是具有自觉能动性和创造性的主体，人对自我的认识越深刻，就越能发挥这种能动性和创造性。实践证明，有了对自我的科学认识和把握，才能合理设计自己的职业发展道路，才能最大限度地发挥人的潜能，成为有所作为的人。

（四）自我认知有利于促进大学生自我成长，激发潜能

发现优点、能力、特长是自我认识的第一步，在此基础上，还需要将这些优势与职业目标相结合，通过实践来证明自身价值，增强自信心和价值感；同时，将各方面的条件与职业要求相比较，更能促进大学生对自己形成客观的认识。在面对具体的职业要求、工作任务时，大

学生容易找到并量化自己的不足，激发出学习知识、技能、解决问题，体现自身价值的动机，在较短时间内提升综合素质。通过这样的方式，激发大学生在自学、自我成长、解决问题等方面的潜能，促进大学生的自我完善。

（五）自我认知有利于大学生增强自信心，完善心理素质

对大学生而言，自卑造成的不良影响存在于很多方面，例如缺乏与人交往的勇气与技巧，特别是对于异性的交往影响，缺少展示自己的底气，浪费很多证明自己价值的机会。在就业过程中，还会使得大学生被动，增加就业困难。自我认识能够帮助大学生客观看待自己的各个方面，通过自我认知，将大学生的注意力引导到自身的优势资源，让大学生重新看待自己，得出合理的评价，从而完善心理素质。

第二节　职业生涯规划的基本理论

一、人职匹配理论

（一）霍兰德职业性向理论

1971 年，美国约翰·霍普金斯大学心理学教授约翰·霍兰德提出了职业性向理论（Career orientation）。其理论体系较为完整，也易于操作。在该理论中，霍兰德将人们的工作环境划分为六种，并将不同的职业归属到其中的一种工作环境之中。这六种环境分别是现实型、研究型、艺术型、社会型、企业型和常规型（图 2-1）。

霍兰德还将劳动者按个性及择业倾向也大致分为现实型、研究型、艺术型、社会型、企业型和常规型六种类型。我们可以把这些类型作为一种模型来衡量真实的人，一种职业环境能够吸引相应性向的人进入这种环境工作。这种职业性向包括价值观、兴趣、动机和需要，这些因素也决定了个体的择业倾向。

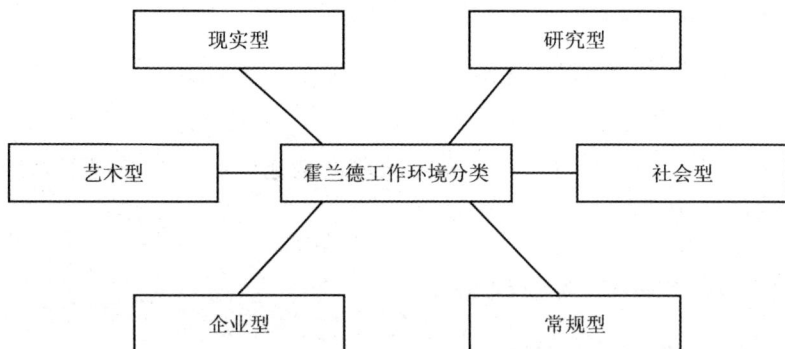

图 2-1 霍兰德工作环境分类

(二)帕森斯的特质—因素理论

帕森斯的特质—因素理论是由美国职业指导专家弗兰克·帕森斯创立的,继而由威廉逊·佩特森发展成型。1908 年,帕森斯在波士顿创办职业指导局,这可以说是职业指导的起点。1909 年,他出版《选择职业》一书,第一次系统阐述了科学的职业指导理论,即特质—因素理论。特质就是人的生理、心理特质或总称为人格特质,因素是指客观工作标准对人的要求。根据特质—因素理论,在职业选择过程中,应按照以下几个步骤进行(图 2-2)。

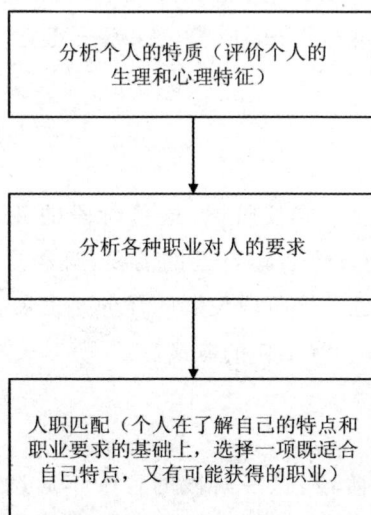

图 2-2 根据特质—因素理论得出的职业选择步骤

二、职业发展阶段理论

比较具有代表性的职业发展阶段理论是施恩的职业锚理论和舒伯的发展阶段理论。

（一）施恩的职业锚理论

职业锚理论是由在职业生涯规划领域具有"教父"级地位的美国麻省理工学院斯隆商学院、美国著名的职业指导专家埃德加·H·施恩教授领导的专门研究小组在对该学院毕业生的职业生涯研究中演绎成的。

21世纪以来，影响大学生职业锚的主要因素是能力、动机与需求、价值观、兴趣爱好和职业性向。当代大学生应当结合自身因素寻找自己的职业锚，尽早做好职业定位，不断探索开发自身潜能，准确地把握求职就业方向，取得与自己能力相称的成就，塑造成功的人生。

（二）舒伯的发展阶段理论

1953年，美国著名职业生涯规划大师唐纳德·E·舒伯根据年龄将每个人生阶段与职业发展配合，将生涯发展阶段划分成成长、探索、建立、保持和衰退五个阶段，形成"成长—探索—建立—维持—衰退"的循环（图2-3）。

1. 成长阶段

0～14岁这一阶段为成长阶段，这一阶段的儿童开始发展自我概念，尝试用各种不同的方式表达自己的需要，且经过对现实世界不断的认识来修饰自己的角色。该阶段发展的任务是发展自我形象，形成对工作世界的正确认识，并了解工作的意义。

2. 探索阶段

15～24岁为探索阶段，这一阶段的青少年通过学校的活动对自我的能力和角色会做一番探索，该阶段的发展任务是职业偏好逐渐具体化、确定化。

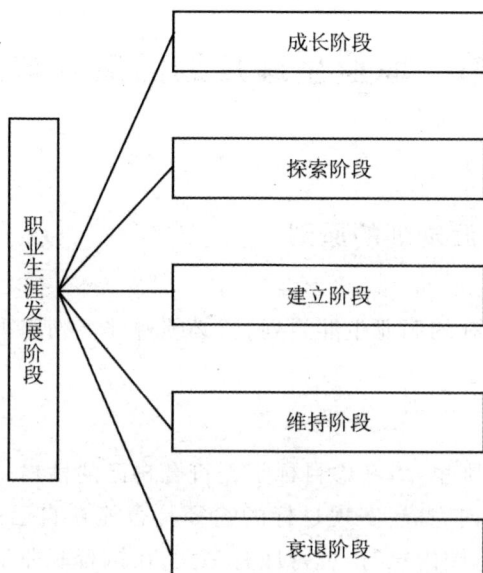

图 2-3　舒伯的职业生涯发展阶段

3. 建立阶段

25~44 岁为建立阶段,经历过前一阶段的尝试后,该阶段的青年逐渐确定在整个职业发展中自己的位置,并在 31~40 岁开始考虑如何保持这个位置。该阶段的发展任务是稳固上升。

4. 维持阶段

45~65 岁为维持阶段,在这一阶段,个体仍希望继续维持既有的位置,同时会面临新入职同行的挑战,此阶段的发展任务是维持既有的成就。

5. 衰退阶段

65 岁以上为衰退阶段,在这一阶段,由于个体生理及心理机能日渐衰退,个体不得不面对现实,从参与到逐步引退,该阶段的任务是寻找新的方式满足成就感。

第三节 职业生涯规划的原则与意义

一、职业生涯规划的原则

要做一份良好的职业生涯规划，就必须遵守下列基本原则。

（一）实用性原则

在实用性原则里，应考虑目标是否符合自己的性格、兴趣和特长，能否在规定的时间内完成，实现目标的途径是否能在自己的特质、社会环境、组织环境等范围内执行，可行性有多大；在执行职业生涯发展规划的过程中，自己能否随时掌握执行的情况，能否进行有效的评估等。

（二）针对性原则

在制定职业生涯规划时，也一定要遵循针对性原则。因为在现实生活中，每个人的成长方式和发展历程是不同的，每个人的生活习惯和性格爱好也是不同的，因此，尽管很多人的专业和从事的职业工作相同，但他们并不能通用一份职业生涯规划。在通常情况下，对使用者来说，个别化了的职业生涯规划才是好的职业生涯规划。

（三）明确性原则

规划是预测未来的行动、确定将来的目标，规划中的各项措施与行动应该有清晰明确的时间表，各项主要行动何时实施、何时完成，应有明确的时间和顺序上的安排，以作为检查行动的依据，及时评估和修正。

（四）可行性原则

一份好的职业生涯规划，其操作性最终会落实为时间、地点、资源、对象和程序的具体化内容，以此保证规划可以通过实施者的行为活动而得以完成。因此,规划要根据个人的特点、社会的发展需要来制定,一定要遵循可行性原则。

二、职业生涯规划的意义

(一)职业生涯规划能够帮助大学生树立正确的择业观念

没有正确的择业观念,带来的结果往往是就业中的四处碰壁,或从事了一个不适合自己的职业,导致个性被压抑,能力被限制,生活上郁郁寡欢,事业上步履维艰。对于有抱负的人来说,其实大多数职业都有广阔的施展空间,都能给人生带来成功的喜悦。正确的择业观念应当是自我认识、环境认识、价值目标认识的系统结合。而职业生涯规划可以帮助个体在此基础上树立具体的、有针对性的择业观念,从而对机遇的把握更为全面和深刻。

(二)职业生涯规划能够增强大学生未来发展的计划性

职业生涯规划帮助我们解决"我想干什么"和"我能干什么"的问题,通过对内外环境的分析,帮助大学生了解自己,了解想从事的行业,由此可以使自己把理想与现实的努力结合起来,明确自己的职业方向,脚踏实地地学习与工作。

(三)职业生涯规划是满足人生需求的重要手段

美国心理学家马斯洛提出了需求层次理论(图 2-4)。需要强调的是,较高级的人生需求必须通过满足社会公众和他人的需求才能实现。一份职业能够带来生命赖以存活的食物、水等物质,能够带来一个安全舒适的住房以供休息放松,也能够带来人们的认可、尊敬、友爱,更能带来幸福的成就感。现代人大部分的需求都要通过职业生涯活动得以满足。人的需求越高级,对职业生涯的期望也就越大,也就更需要职业生涯规划。

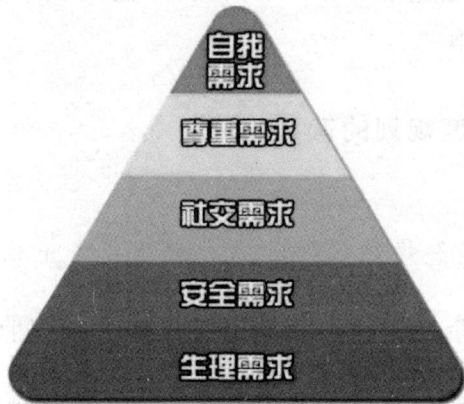

图 2-4　马斯洛需求层次理论

（四）职业生涯规划能够帮助大学生立足现有成就确定高尚奋斗目标

事实证明，许多在事业上失败的人，并不是没有知识和能力，而是在于他们没有很好地规划自己的职业生涯，只有明确了目标，大学生才有奋斗的方向，才会积极地创造条件实现目标；只有明确了目标，大学生才能找到与自己最匹配的职业发展道路。

（五）职业生涯规划有助于个人抓住工作的重点

职业生涯规划能够帮助我们评价工作的轻重缓急，并合理地对日常工作进行安排。一个人若是没有职业生涯规划，就会很容易被跟人生目标无关的日常事务缠绕，甚至沦为琐事的奴隶，无法实现人生目标。职业生涯规划就是为了帮助个人抓住工作的重点，增强成功的可能性。

（六）职业生涯规划有利于促进个人努力工作

职业生涯规划的制定将会给个人树立一个明确的镖靶，明确了目标，个人才能奋勇直进。随着职业生涯规划内容的一步一步实现，个人的成就感会不断地增强，这将有利于促进自己进一步向新的目标前进。随着职业生涯规划的不断实现，个人的工作方式和思维方式也将不断地发展和完善。

（七）职业生涯规划能够帮助大学生提升自身的价值

在职业生涯规划过程中，要求规划者对自身的价值重新进行评估，并通过层层递进的评估重新审视自己，重新认识自己的价值。在此基础上，根据职业方向来确定制定相应的行动计划，从而进一步增强自己的职业竞争力，提升自身的价值。

第四节　大学生职业生涯规划的影响因素

职业生涯规划的影响因素有很多，概括来说主要包括以下几方面。

一、健康因素

健康对于职业选择特别重要，几乎所有的职业都需要健康的身心。个体可以通过对自己的身体素质、心理素质及承受能力进行客观的评估，分析自己有哪些显现的身心优势，有哪些潜在能力需要开发，在职业中自己的身心条件哪些处于优势哪些处于劣势。根据自己的身心条件，决定自己能够从事哪些职业，不能从事哪些职业，设计适合自己职业发展的方向和路线。

二、性别因素

虽然男女平等的观念已普遍被现代社会所接受，但传统观念"性别因素"仍然在职业中起着不可忽略的潜在作用。因此，在规划职业生涯和求职中，要做好充分的思想准备，寻求与性别相适宜的、与理想相统一的职业，有助于自己走向成功。虽然由于工作性质的不同，有一些工作适宜女性，有一些工作适宜男性，但男女具有同等的发展机遇，只要我们努力，每个人都能实现自己的职业理想。

三、年龄因素

年龄对职业生涯规划的影响也不容忽视。对工作的态度和看法、对机会尝试的勇气、完成任务的能力和经验，不同年龄的人表现都有所不同。古人所谓"三十而立，四十不惑，五十知天命，六十耳顺"是有深刻道理的。

四、性格因素

性格在我们的职业乃至一生中都会起到很大的作用，我们也会常常听到性格决定命运这样的话，但是我们又有几个真正了解自己的性格呢？每一个人都会有自己独特的个性，所以每一个人的职业和人生也就不同，正是因为性格不同也就造就了形形色色的人。

五、受教育程度

教育是赋予个人才能、塑造人格、促进个人发展的活动，教育程度是事业成功不可缺少的条件。获得不同教育程度的人，在个人职业选择时，具有不同的能量和作用：受教育程度较高的人，在就业以后会有很大的发展，在职业不如意时，再次进行职业选择时能力和竞争力也较强。受教育程度低的人，在职业选择和发展时相对处于劣势。人们接受教育的专业、学科门类及层次对职业生涯也起着重要的决定作用。

六、社会环境因素

社会环境因素决定了社会职业岗位的数量、结构、层次，同时也决定了人们的职业观念，从而决定了就业的方式、职业观和个人职业生涯的历程。比如，目前我国市场就业机制的建立和发展，学校推荐，双向选择，自主择业，竞争上岗；国有企业的改革调整；职工下岗再就业机制的不断完善等。在这种状况下，某些行业劳动力相对过剩，岗位相对减少，若得到一个比较理想的职业，必然会加倍珍惜，工作态度和敬业精神就显得非常重要。

第三章　做好规划:大学生职业生涯规划的制定与实施

古人云:"凡事预则立,不预则废。"大学生职业生涯规划作为大学生职业发展的蓝图,对大学生的事业发展具有重要的指导意义。在本章内容中,我们将对大学生职业生涯规划的制定与实施进行详细阐述。

第一节　职业生涯目标的确定

一、职业生涯目标的分类

目标就是指个人、部门或整个组织所期望的成果。对个人人生而言,需求产生目的,目的具体化就是目标,目标就是前进的动力,就是人们行动的灯塔。职业生涯目标的确定包括人生目标、长期目标、中期目标与短期目标,它们分别与人生规划、长期规划、中期规划和短期规划相对应。人生规划是指整个职业生涯规划,时间长至 40 年左右,即设定个人整个人生的发展目标。长期规划一般是指 5~10 年规划,主要设定较为长远的发展目标。中期规划一般是指规划 3~5 年内的目标与任务。短期规划一般是指 1~3 年以内的规划,主要是确定近期或短期目标,规划近期完成的目标与任务。

确立职业目标并为此付出努力,对确立者是很有帮助的,不过确立职业目标要有事实依据,并非只是美好的幻想或不着边际的梦想,否则将会延误人生发展机遇。要明白行动是一切目标实现的成功之母。再美好的图纸不去变成现实也最终是一张废纸,所以我们对目标一定要有强大的执行力。每天早上起来或者晚上入睡前问问自己,是否每天都在努力,如果不能坚持,目标就很难实现。

二、职业生涯目标的设计

（一）职业生涯目标设计的原则

职业目标的设计要遵循 SMART 原则。

1. Specific

具体的，即目标必须是具体的。

2. Mcourble

可以衡量的，可测量的，有一定的评定标准，即目标应该是可衡量的。

3. Achievable

可以实现的，目标是可实现的。目标的设定能够被执行人所接受。

4. Relevant

相关的，目标还应具有相关性。即目标设定应与自己的专业相关，与社会需求基本一致，另外，目标的相关性具体是指在现实条件下是否可行、可操作，与现实发展是否相关。

5. Time-based

有时限性的，目标设置要有时间限制，可以具体到某年某月。没有时限的目标则不是一个有效的目标。

（二）职业生涯目标设计的要求

在设计职业生涯目标时也应遵循一定的要求，概括来说，这些要求主要包括以下几方面。

1. 动态性

职业生涯规划中目标的设定应当是动态的，大学生要根据自己不同阶段的需要和社会发展情况对规划做出合理调整。这样才能顺应时代，开创属于自己的事业或尽早实现自己规划的目标。

2. 具体性

大学生们通常可以在一个相对较窄的范围内同时设定几个目标,比如老师布置的随堂作业或者是小组共同完成的课题,需要准备资料、进行社会调查、需要分析讨论,最后形成研究报告。大学生一定要深刻认识到个人或小组作业的重要性,并认真对待。因为小组作业就是对未来工作的提前训练。除了最后的报告之外,其他的事情都可以与同学同时进行或一起完成,在操作中同学们要学会给自己列一个时间表,规定每一个目标的具体完成时间,时间一到就要检查自己目标成果的实际完成情况。这样就可以及时进行自我管理或小组管理,日程表的设置越具体越有可操作性,用来衡量目标实现程度的标准就越细,对于目标执行与反馈也就越准确。所以,在设计职业生涯目标时一定要注意应具有具体性。

3. 需求性

对大学生来说,在进入大学后面对专业难以调整的现实,如何面对劣势的专业找到理想的工作,是大学生在职业生涯规划中必须面对的问题,也是大学生在大学期间就必须为谋划好职业需要提前做好功课的难题。因此,在设定与确定职业目标时,必须考虑社会与组织对岗位的要求,当劳动力市场相关人才出现供大于求时就要结合自身实际考虑自己未来的胜率,同时还应考虑组织对岗位的相关要求是否是自己在大学期间就可以培养与训练成的。

4. 匹配性

在确定职业发展目标时要注意与自己性格、兴趣、特长与选定职业的匹配度,同时要思考自己所处的内外环境与职业目标是否相适应,不能妄自菲薄,也不能好高骛远。合理、可行的职业目标决定了职业发展中的行为和结果,这才是设计职业目标的关键。

(三)职业生涯目标设计的注意事项

在设计职业生涯目标时,应注意以下几方面。

第一,尽量分解目标。

第二,不求快速达到或实现目标。

第三,不要求制定很多目标或目标彼此无关联,即目标要符合社会与组织的需要。

第四,目标幅度不宜过宽。

第五,目标的可持续与不中断。

第六,目标要高远但绝不能好高骛远。

第七,注意长期目标和短期目标间的结合。

第八,目标要符合自身特点,并使其建立在自身优势之上。

三、职业目标确立的步骤

职业目标是长远目标、阶段目标、各类目标的能力结构、行动计划四部分内容的集合体,其具体步骤如图 3-1 所示。

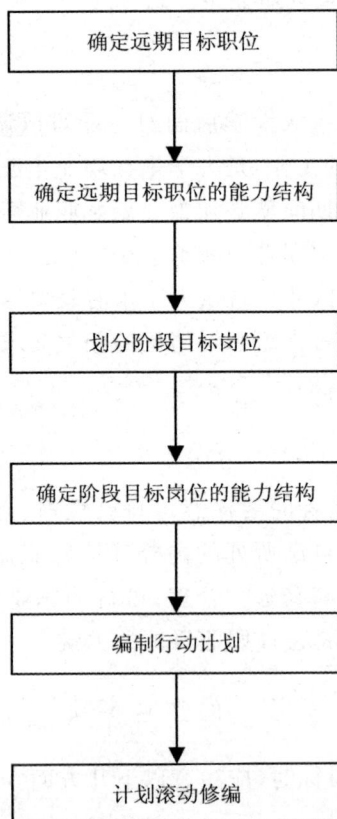

```
┌─────────────────────┐
│     确定远期目标职位      │
└─────────────────────┘
          │
          ▼
┌─────────────────────┐
│   确定远期目标职位的能力结构   │
└─────────────────────┘
          │
          ▼
┌─────────────────────┐
│     划分阶段目标岗位      │
└─────────────────────┘
          │
          ▼
┌─────────────────────┐
│   确定阶段目标岗位的能力结构   │
└─────────────────────┘
          │
          ▼
┌─────────────────────┐
│      编制行动计划       │
└─────────────────────┘
          │
          ▼
┌─────────────────────┐
│     计划滚动修编       │
└─────────────────────┘
```

图 3-1　职业目标确立的步骤

（一）确定远期目标职位

按照倒叙的思路，基于个人对某些职业的看法，在职业联想相关的具体职业中选择某类职业或具体的职位，该职业或职位即成为远期的奋斗目标。

（二）确定远期目标职位的能力结构

通过资深专业人员、指导老师、亲戚朋友、咨询辅导机构等，了解该职位所需具备的能力结构，对这些能力进行排序，逐一了解这些能力的含义，与能力相对应的关键事件举例等，并把这些所了解的信息归纳总结和整理，形成一份目标职位的能力素质要求表。

（三）划分阶段目标岗位

每一个长远目标都是由很多阶段性目标构成，长远的职业生涯目标亦如此，我们可以按照职业发展通道设计的思维，在资深专业人员和指导老师的帮助下设计出阶段性的目标职位。

（四）确定阶段目标岗位的能力结构

职位的晋升实际上是能力素质级别的晋升，因此在确定出不同阶段的目标职位以后，我们应该对这些职位开展针对性的职位分析，详细了解职位的能力素质要求，同样，对大学生或刚入职的新员工来说，每一项能力后面匹配对应的关键工作事件有助于加强对其理解和学习。

（五）编制行动计划

在确定了长期和阶段性目标，详细了解了各种目标的能力素质要求后，为使其具有可操作性，大学生还应该制订达成不同阶段目标和获得与目标对应能力的行动计划。

（六）计划滚动修编

在完成上述五个步骤后，我们就可以沿着规划的路线开始我们的职业生涯征程，但随着环境变化要求大学生应不断对职业目标和相应的行动计划进行滚动修编，没有永恒不变的目标也没有永恒不变的计划。

四、大学生的职业生涯目标

大学生职业生涯目标应包括大学期间职业的目标和择业后的职业目标两部分（图 3-2）。

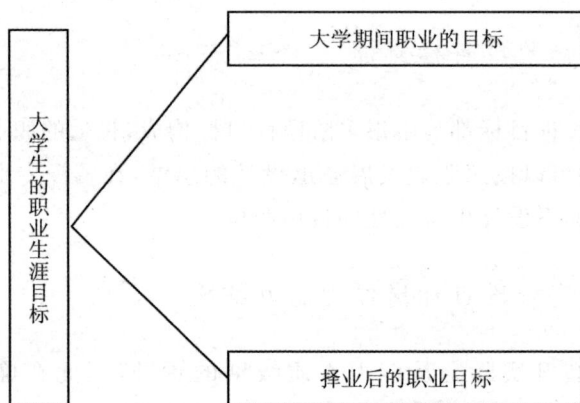

图 3-2　大学生的职业生涯目标

（一）大学期间的职业目标

职业目标的确定一定要针对个人特点来确立，一个人要是没有目标就没有努力前进的方向，也就毫无动力可言。大学生职业目标的确立最好从大一开始实施并制订相关的行动计划。在未来四年中分四个时期做好系统学习和生活设计目标，毕业时也可以从上述几个方面检验自己是否达到了相应的要求（表 3-1）。

表 3-1 大学四年的分期目标

分期	目标
大学一年级为试探期	也就是从进入大学开始就应当有意识地去了解某些职业,特别是自己未来想从事的职业或自己所学专业对口的职业。比如,大学一年级阶段大部分开设的是公共课,学习任务相对不重,这个时候就可以多参加学校的各项活动,增加人际沟通与交流的技巧,学会与不同个性的人打交道,同时多学习课本以外的知识丰富自己,有意识地收集相关资料,培养自己学习书本外知识的能力
大学二年级为定向期	这一时期应考虑清楚是否继续深造或就业,尝试在课余时间后进行兼职,选择自己未来想要从事的或者与专业对口的相关工作,最好能较长时间坚持,锻炼自己的责任感、主动性和受挫能力等,也可以有选择性地辅修其他专业的知识充实自己
大学三年级为冲刺期	这一时期应锁定在提高求职技能、收集相关招聘信息,并确定自己是否要考研,为下一步的求职或深造做好准备
大学四年级为分化期	积极参加招聘活动,运用学校提供的条件,了解就业指导中心提供的用人单位信息与就业信息,强化求职技巧,进行模拟面试等训练,尽可能在做好充分准备的情况下施展演练

设定职业目标时要思考以下问题。

第一,设定该目标的原因、达到这一目标的途径。

第二,达到该目标的外部有利条件。

第三,实现该目标的能力、技能与自身其他优点。

第四,实现该目标的相关培训与教育。

第五,要思考自身弱势或外部相关的不利条件等。

（二）择业后的职业目标

大学生在择业后,其职业生涯的规划并不意味着就终止了,相反,这时候作为社会新人,更应该进行科学的规划。可以在工作的不同阶段为自己分别设计短期目标、中期目标、长期目标。这里以人力资源专业毕业生的职业目标为例进行分析(表 3-2)。

表 3-2　人力资源专业毕业生择业后的职业目标

目标	具体内容
短期目标	熟悉企业人力资源管理各项工作实务,集中学习薪酬绩效管理模块的业务;实习期结束成为薪酬绩效专员
中期目标	全面掌握人力资源管理各项工作理论及实务,能组织开展各项业务;3～5年成为人力资源经理
长期目标	能结合企业发展战略和中长期规划,拟订人力资源战略并系统地组织实施,能策划和组织完成企业的人力资源各相关模块的变革工作;6～8年成为企业人力资源主管

当然这里的目标设定并不是固定的,每个人可以根据自己的能力及经验不同有所差异,我们只是想说明即便是择业后也要有一个很好的规划。

第二节　大学生职业生涯规划的制定

一、大学生职业生涯规划制定的步骤

大学生职业生涯规划制定的基本步骤如图 3-3 所示。

（一）确定志向

确定志向实际上是一个决策的过程,人们在某一领域中有了经验,就会形成他们自己的看法,大学生确定志向就是一个决策的过程,也是从对各种职业的既有看法而开始的。虽然表面上看,大学生没有实际的工作经验,也谈不上依据经验形成某种看法,但只要我们认真分析就会发现,这种所谓的既有经验体现在大学生身上就转换成了其他的影响因素,如主流价值观倾向、先天遗传、后天接受教育情况、对知识和技能的偏好、家庭环境的熏陶和耳濡目染、成长环境等的限定性条件等,也就是说大学生接触到的这些东西就构成了其间接经验，也就有了经验。大学生正是在这些间接经验的反复作用下，在潜意识中形成了对某些职业的看法，正是根据这些看法，产生了与这种看法紧密联系的职业联想，职业联想的形成就构成了志向雏形。

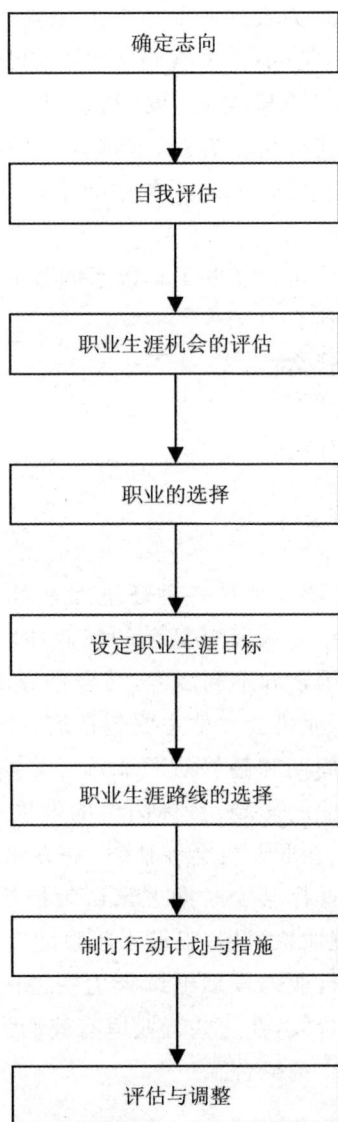

```
┌─────────────┐
│   确定志向   │
└─────────────┘
       │
       ▼
┌─────────────┐
│   自我评估   │
└─────────────┘
       │
       ▼
┌─────────────┐
│ 职业生涯机会的评估 │
└─────────────┘
       │
       ▼
┌─────────────┐
│   职业的选择   │
└─────────────┘
       │
       ▼
┌─────────────┐
│ 设定职业生涯目标 │
└─────────────┘
       │
       ▼
┌─────────────┐
│ 职业生涯路线的选择 │
└─────────────┘
       │
       ▼
┌─────────────┐
│ 制订行动计划与措施 │
└─────────────┘
       │
       ▼
┌─────────────┐
│   评估与调整   │
└─────────────┘
```

图 3-3 大学生职业生涯规划制定的基本步骤

（二）自我评估

自我评估就是对自己进行全面的分析，以达到认识自己、了解自己的目的。在职业生涯规划的过程中，自我评估是不可缺少的一个步骤，是职业生涯规划的基础，关系到职业生涯的成败。在自我评估中，要充分利用各种科学测评手段，如价值观量表、职业兴趣量表、人格量表等，同时结合在校学习、考试情况，老师、同学、亲朋好友的评价，以及自我判断。需要注意的是，自我分析要客观、冷静，既要看到自己的优点，又要直面自己的缺点。只有这样，才能避免职业生涯目标选择的盲目性，达到人职高度匹配。

简单地讲，自我评估至少需要了解以下四方面内容。

第一，自己喜欢干什么？

第二，自己最看重什么？

第三，自己能够干什么？

第四，自己适合干什么？

（三）职业生涯机会评估

职业机会的评估主要是评估各种环境因素对个人职业生涯规划和职业选择的影响，大学生个人面对复杂的就业环境，应对这些因素有很好的认识，识别出有利因素和不利因素，结合自身情况扬长避短，使职业生涯规划具有意义。职业机会评估主要包括宏观政治、经济环境对职业选择的影响，行业发展周期和趋势对职业选择影响，特定组织的文化氛围、企业生态系统对择业的影响，目标岗位的发展前景和能力素质对候选人的要求等。大学生在职业机会评估时，一方面会受到社会主流价值观、家庭成员的左右而选择某一时期大家认为最热门的职业，但另一方面我们大学生也应清醒地认识到，很多不起眼的冷门职业也是国民经济发展的重要基础，这些行业的发展继续人力资源的投入而迈向科学化、规范化、精细化的发展阶段，在这些行业里有我们大学生发挥优势，崭露头角，创造一番业绩的广阔舞台。

（四）职业选择

职业选择正确与否，直接关系到人生事业的成功与失败，关系到人生的幸福与否。职业选择实际上是在与职业联想范围内众多的相关职业中进行选择的过程，这期间职业选择的关键影响因素主要包括以下几方面。

第一，大学生个人对中学时代到大学所积累的某方面知识和技能的路径依赖。

第二，获得偶然机会进入某行业。

第三，受外界影响力的作用，如家长的压力、亲戚朋友的指导和推荐等，而选择了相应的职业。这其中既有必然性，也含有一定的偶然性。

（五）设定职业生涯目标

好的职业生涯规划需要切实可行的目标。只有在确立可行的职业生涯目标后，才能以此为动力，积极排除不必要的干扰，保证职业生涯规划的实现。职业生涯目标按照时间的长短可以划分为短期目标、中期目标、长期目标。中期目标可以再分为十年、五年、三年、一年的职业生涯目标，短期目标可以从一日、一周、一月做起。

（六）职业生涯路线的选择

在目标职业选定后，向哪一路线发展，也要做出选择。职业生涯路线要能满足阶段性个人能力培育和积累的要求，要能最终满足目标职位所需具备的能力要求。所以，大学生应该遵循能力培育、积累和提升的特定规律，开展职业生涯路径的设计工作。通常，选择职业生涯路线时须考虑三个问题。

第一，我想往哪一路线发展？

第二，我能往哪一路线发展？

第三，我可以往哪一路线发展？

典型的职业生涯路线是一个"V"字形。"V"字形的两侧分别为行政管理路线和专业技术路线。每条路线都可以划分为许多等级，可以作为自己职业生涯的参考目标。当然，在现代社会中，职业的变换和职业路线的调整是非常普遍的现象，没有人会自始至终待在一个岗位上。

（七）制订行动计划及措施

行动计划由长期和短期两部分组成，长期计划的实现有众多不确定因素，因此在校大学生要根据自身实际情况和社会发展趋势，不断地设定新的短期目标。职业生涯路线所确定的内容很大程度上是一些阶段性目标，要实现这些阶段性目标，我们应该制订针对每一阶段的行动计划，行动计划的主要内容包括：学历提升计划，工作经验计划，结合个人生命周期、家庭周期和职业发展周期三者的综合计划。这些行动计划及措施应该有明确的内容、完成时间、达到的效果、需要做资源准备等详细内容。

（八）评估与调整

为使职业生涯规划行之有效，需要结合实际情况不断对职业生涯规划的内容进行评估与修正，实时调整方案。这样才能够使职业生涯规划更具有实际的指导意义，大学生应该定期和不定期对规划进行评估和优化调整，并做出规划的修订方案。

二、大学生职业生涯规划制定的方法

当前，大学生进行职业生涯规划制定的方法有很多，但最常用的有以下几种。

（一）SWOT分析法

SWOT是英文单词 strength（优势）、weakness（弱势）、opportunity（机会）、threat（威胁）的缩写。SWOT法又称为态势分析法，常用来做企业内部分析方法，即根据企业自身的既定内在条件进行分析，找出企业的优势、劣势及核心竞争力之所在。一般来说，大学生在运用SWOT分析法制定职业生化规划时，需要从以下两方面的内容着手。

1. 构建个人SWOT矩阵

在对自身的优势和劣势，以及周围职业环境存在的发展机会与外在威胁因素的分析的基础上,构建个人 SWOT 矩阵对做出正确的职业选择会有很大的帮助。

(1)自身优势(S)分析

即分析自己与竞争对手相比自己最出色的地方。这主要包括以下方面。

第一,具有竞争优势的教育背景。

第二,自身具备的竞争能力和优秀品质。

第三,广泛的个人社会关系网络。

第四,曾经拥有过的最宝贵的经历。

(2)自身劣势(W)分析

即分析自己与竞争对手相比处于落后的方面。这主要包括以下方面。

第一,缺乏目标,且对自我的认识不足。

第二,以往失败的经验或能力的缺陷。

第三,学习成绩一般或较差。

第四,负面的人格特征,如缺乏自律、害羞、性格暴躁、不善交际等。

(3)机会(O)分析

即分析有利于自己职业选择和职业发展的外部积极因素。这主要包括以下方面:政府出台的相关政策支持,专业领域急需人才,职业道路选择带来的独特机会,社会舆论的宣传和肯定,亲朋好友的支持。

(4)威胁(T)分析

即分析外部环境中存在潜在危险的因素。这主要包括以下方面。

第一,专业领域发展前景不乐观。

第二,同专业竞争人数的增加。

第三,职业指导咨询行业尚不规范,就业机会减少。

第四,所选择的单位环境不利于自身的发展。

2. 制定策略

具体策略如表 3-3 所示。

表3-3 大学生在运用SWOT分析法时采取的策略

策略	具体内容
劣势和威胁组合而成的WT （Weakness Threat）策略	劣势和威胁都是对自身发展的不利因素，将二者组合起来综合考虑，目的是使这些因素都趋于最小。比如自身工作经验不足，在与同专业的大学毕业生竞争时处于不利地位，那就有必要在以后多参加社会实践活动，多积累经验
劣势和机会组合而成的WO （Weakness Opportunity）策略	将劣势和机会组合起来考虑的目的是尽量将自身劣势的不利影响降到最低，将机会的作用发挥到最大水平
优势和威胁因素组合而成的ST （Strength Threat）策略	将优势和威胁因素组合起来考虑的目的是尽量发挥个人的优势，减小外界环境威胁因素对个人职业发展的负面影响
优势和机会因素组合而成的SO （Strength Opportunity）策略	将优势和机会因素组合起来考虑，目的是尽量使这两种因素的作用最大化。比如一个人比较擅长计算机编程，今后可以继续强化这一优势，增强这方面的竞争实力

需要注意的是，大学生在运用SWOT分析法制定职业生涯规划时，还必须对自身的优势与劣势有客观的认识，注意区分公司的现状与前景，可以与竞争对手进行比较，并且要保持SWOT分析法的简洁化，避免复杂化与过度分析。

（二）思考圈法

思考圈法就是以循环思考来表述职业生涯规划是身在何处、何以至此、欲往何方、有何资源、何以前往、可知到达等六个要素之间的往返循环过程（图3-4）。

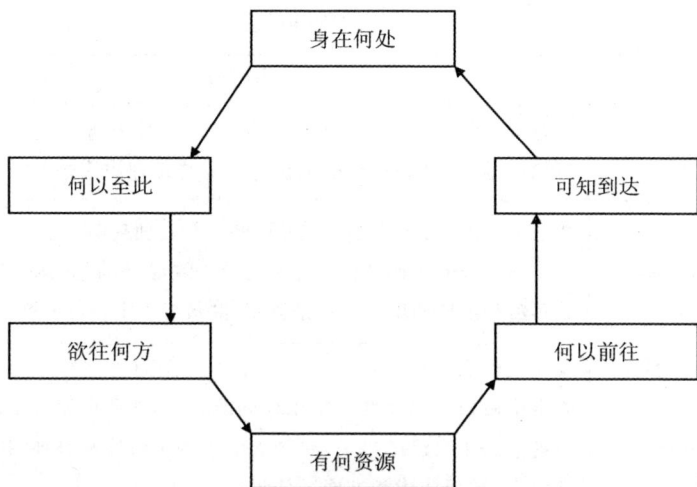

图 3-4　思考圈法

身在何处：就是对目前情况、存在差距的了解与认识，是问题解决开始时所需要的信息。

何以至此：就是分析原因，原因是多方面的，既可能有就业观念、政策支持、领导重视等主观方面的原因，又可能有就业形势、金融危机等客观方面的原因。

欲往何方：就是选择最优职业并做出临时决策，选择可能性最大的情况，思考并明确就业目标是什么。

有何资源：就是在查看了各种资源后发现的尽可能多的有利资源，并把与目标一致的有效资源进行整合。

何以前往：就是设计一项计划来实施某一临时选择。

可知到达：就是通过对比结果和结论检验与分析和目标的差距，并总结结论，以打好下一循环的基础。

（三）5"What"法

5"What"法是大学生在制定职业生涯规划时常用的方法之一，如表 3-4 所示。

表 3-4　5"What"法

5"What"法	具体内容
What are you?	我是谁？是指对自己进行一次深刻的反思,想想自己到底是怎样的一个人,最好把自己的优势和劣势都列出来进行分析
What you want?	我想干什么？是对自己职业发展的一个心理趋向的定位,每个人在不同阶段的兴趣和目标并不完全一致,甚至是完全对立,但随着年龄和经历的增长而逐渐固定,并最终锁定自己的终生理想
What can you do?	我能干什么？是对自己能力与潜力的全面总结。一个人职业的定位最根本的还要归结于他的能力,而他职业发展空间的大小则取决于自己的潜力,对个人潜力的了解应从兴趣、执行力、判断力、知识结构等方面去认识
What can support you?	环境支持或允许我干什么？是对环境支持的了解,包括客观和主观两方面。客观方面包括本地的经济发展、人事政策、企业制度、职业空间等,主观方面包括与领导同事的关系、人脉资源等因素,个人在做职业生涯规划的时候,要将这些因素都考虑进来
What you can be in the ends?	自己最终的职业目标是什么？在明晰前四个问题后,就有了清晰的框架。当然,经过不断地评估与调整,最后实现自己的最终目标

第三节　大学生职业生涯规划的实施

一、大学生职业生涯规划实施的方法

(一)学会学习

1. 培养学习兴趣

个体一旦对某学科有了浓厚的兴趣,就会以积极的情绪去研究和探索它,就会产生强烈的求知欲望,从而充分挖掘自己的学习潜能。

2. 培养学习动机

学习动机在学习中发挥着十分重要的作用,它不但对学习起着巨大的推动作用,而且控制着学习的正确方向。学习动机具有以下几方面的优点。

第一,学习动机可以使大学生积极主动、持之以恒地进行学习,努力寻找各种途径把难点弄懂,从而取得优异的成绩。

第二,学习动机是推动大学生为达到一定的学习目的而努力学习的动力。

当然,学习动机过强与过弱都不利于学习效率的提高。所以要学会对过弱和过强的学习动机进行适当的调节。

(二)确定合理目标

明确自己的实际情况后,要从主客观实际出发。把目标建立在切实可行的基础上。评价目标是否合理的一种方法是看目标是否设置在虚线之间,即目标位于自己的真实水平上下。

(三)运用 SQ4R 策略系统

SQ4R 策略系统是目前在大学生学习中广泛使用的一种学习技术。其步骤如表 3-5 所示。

表 3-5　运用 SQ4R 策略系统的步骤

步骤	具体内容
浏览	浏览全书,大致了解材料的主要内容。此过程包括以下方面:看书名、文章标题、作者信息,做好学习新材料的思想准备,在深入阅读之前在头脑中确定材料的整体架构,浏览前言和后记以了解作者写作的背景和意图,并通过纵览抓住材料的核心观点
提问	提问的简单做法是将标题转换成自己尽可能想出的几个问题,然后通过阅读来寻找问题的答案。这样可以激发我们的好奇心,从而增强对新学材料的理解

续表

步骤	具体内容
阅读	阅读可以填充我们头脑中建立起的框架。细读章节来回答上一步提出的问题。要积极地寻找答案,抓住实质内容。在这个过程中,我们也可能会提出一些疑问,将这些问题记录下来,形成笔记,或直接记录在教材上,或把内容重点、难点摘抄及心得体会写在专用笔记本上
陈述	读完后,合上书尝试简要回答上面提出的问题,最好能用自己的语言举例说明。如果不能清晰地陈述答案,那么重复阅读再尝试陈述。进行这一步时最好能结合笔记法,摘记一些短语作为陈述提示。完成第一部分后,按以上三个步骤学习后续的章节,直至完成整本书的阅读
反思	通过以下途径,试图理解信息并使信息有意义。 第一,把信息和已知的事物联系起来; 第二,把课本中的副标题和主要概念及原理联系起来; 第三,试着消除不重要的信息; 第四,试着用所读内容去解决联想到的类似问题; 第五,课堂上认真听老师讲解,及时和任课老师探讨不懂的难点知识
复习	按以上步骤通读全书后,查看笔记,总览全部观点及它们之间的关系,然后合上笔记尝试回忆主要观点及每一主要观点之下的次级观点。间隔一段时间后,通看一遍教材和笔记,然后合上书本,再根据笔记页面左侧的关键词进行回忆,查阅相关书籍或论文,补充所学内容,扩大知识面

二、大学生职业生涯规划实施的策略

大学四年中职业生涯规划实施的策略各不相同,具体来说,其主要包括以下几方面(表3-6)。

表 3-6 大学生职业生涯规划实施的策略

不同时期	具体策略
大一：职业生涯设计的启蒙 ——探索期	这一阶段的目标是职业生涯认知和规划，具体的实施策略包括以下几方面。 第一，要转变由高中生到大学生的角色，重新确定自己的学习目标和要求； 第二，要开始接触职业和职业生涯的概念，进行初步的职业生涯设计； 第三，熟悉环境，建立新的人际关系，提高人际沟通能力，在职业方面可以向高年级学生，尤其是毕业生询问就业情况； 第四，积极参加各种各样的社团活动，提高交流、沟通技巧； 第五，在学习方面，要扎实学好专业基础知识，加强英语、计算机的学习，掌握现代职业者所应具备的最基本技能； 第六，如果有必要，为可能的转系、获得双学位、留学计划做好资料收集及课程准备，为将来的就业选择打下良好的基础； 第七，大学第一年主要是基础课的学习，学习的任务相当繁重，重要的是培养适合自己的有效学习方法
大二：职业生涯设计的深入探索 ——定向期	这一阶段的目标是初步确定毕业去向及相应能力与素质的培养。具体的实施策略包括以下几方面。 第一，认识自己的需要和兴趣。确定自己的价值观、动机和抱负； 第二，考虑未来的毕业去向； 第三，通过参加学生会或社团等组织，培养和锻炼自己的领导组织能力、团队协作精神，同时检验自己的知识技能； 第四，可以开始尝试兼职并参加社会实践活动； 第五，增强英语口语和计算机应用能力，通过英语和计算机的相关证书考试，并开始有选择地辅修其他专业的知识充实自己

续表

不同时期	具体策略
大三：职业生涯设计意识的建立——准备期	这一阶段的目标是掌握求职技能，为择业做好准备。具体的实施策略包括以下几方面。 第一，在加强专业知识学习的同时，考取与目标职业有关的职业资格证书或通过相应的职业技能鉴定； 第二，了解搜集就业信息的渠道，向学长、学姐了解往年的求职情况，学习撰写简历、求职信的方法和技巧； 第三，了解相关行业和企业的情况。如果准备出国留学或考研，应首先了解相关留学信息和学校信息，然后开始准备工作
大四：职业生涯设计的初步演练——冲刺期	这一阶段的目标是成功就业，具体的实施策略包括以下几方面。 第一，深入了解相关行业和企业信息，再次检查自己的职业选择是否明智； 第二，强化求职技巧，进行模拟面试训练等； 第三，积极参加各类招聘活动，向用人单位提交简历，参加用人单位组织的面试等

第四章　调整规划:大学生职业生涯规划的评估与修正

　　一个人随着年龄、阅历等的不断增长,其对职业的倾向性和需求等也会发生一定的变化,所以,大学生在制定职业生涯规划时一定要明白这一点,一定要不断对职业生涯规划进行评估,当个人需求与职业生涯规划不相符时,要进行相应调整。本章即对大学生职业生涯规划评估与修正的相关内容进行简要研究。

第一节　大学生职业生涯规划的评估

一、职业生涯规划评估的要点

职业生涯规划评估的要点如表 4-1 所示。

表 4-1　职业生涯规划评估的要点

要点	具体内容
抓住最重要的内容	猎人如果同时瞄准几只兔子,那么他可能一只兔子都打不到。同样,在大学生职业生涯规划的评估中也不必面面俱到,而是应抓住一两个关键的目标和最主要的策略方案进行追踪
分离出对自己影响最大的环境变化	针对变化了的内外环境,要善于发掘对自己影响最大的变化,然后据此评估和修订自己的职业生涯规划

要点	具体内容
找到突破方向	有时候,在某一点上取得突破性的进展将使整个局面发生意想不到的改变。想一想,你先前规划中的策略方案中哪一条对于目标的达成有突破性的影响? 达到了吗? 如何寻求新的突破?
突出"优势我"	看看目标设定,是否考虑了自身的优势。或者,经过学习和培训,自身的优势是否更加突出。如果是,则需要重新进行自我认知和职业定位

二、职业生涯规划评估的作用

职业生涯规划评估具有重要作用,概括来说主要包括以下几方面。

(一)检查职业生涯策略是否得当

我们在制定职业生涯规划的时候,都是先进行自我评估。然后在此基础上为自己的职业生涯定下目标,并制定相应的实施策略,包括学习阶段、培训阶段、工作计划等,这些计划都是为实现目标而服务的。但是,这些计划是否得当,那就另当别论了。因为我们的很多计划都是在主观分析和经验的基础上制订的,因此,我们在实施这些计划的过程中要不断反省,定期对实际效果进行检验。

(二)检验职业生涯目标是否得当

职业生涯规划的每项内容都是建立在自我分析和客观事实基础上的,但是我们身处的世界每天都在发生变化,大到国际形势突变、国家政策的调整,小到组织制度的改变、组织结构变革、自身条件变化,这些都是影响我们制定职业生涯目标的客观因素。同时,大学生的心理不成熟,缺少社会阅历,所以造成大部分人在制定职业生涯规划时极度盲目,制定的职业生涯目标与实际有很大的偏差,缺乏可操作性,这正是近些年毕业生跳槽率偏高的原因。因此,要定期地对职业生涯规划进行评估。

（三）及时调整职业生涯规划目标

阶段性的评估有助于我们及时调整职业生涯规划。我们经常强调，周围环境及我们自身都是不断变化的，如果我们不对职业生涯规划进行评估，或者说很长时间才评估一次，就不可能及时地发现问题，并迅速做出改变。许多的职业指导专家都建议至少每年做一次评估。因此，要根据实际情况，进行定期的评估，以及时纠正实施过程中出现的偏差。

三、职业生涯规划评估的内容

职业生涯规划评估的内容如表 4-2 所示。

表 4-2　职业生涯规划评估的内容

评估的内容	具体阐述
职业目标评估	如果在毕业前没有找到合适的工作，那就去考村干部或者考研。如果工作一段时间后觉得自己不适合在某一岗位工作，那就选择新的工作岗位。如果觉得自己所在的单位不适合自己今后的发展，可以选择跳槽
职业路径评估	在毕业前，如果发现自己真的不适合在所学专业对应的行业就业，可选择去新的行业发展，需重新制定职业生涯规划。在工作初期，如果发现自己无法胜任某一岗位工作，可选择去考研或者换工作，谋求新的发展方向。在工作中期，如果发现无法胜任相关工作，应向其他同行讨教经验，并询问领导、下属对自己的意见和看法，努力改善自己的工作方法。在工作后期，如果还是发现自己不适合在这单位工作，则可考虑提前退休，或者去创业，或者到新的单位就职
实施策略评估	如果觉得自己不适合某一行业或岗位，可选择其他的工作或自主创业。如果短期内工作过于劳累或者压力偏大，可选择请假，等调整情绪后继续工作。如果觉得所在单位没有发展前景，可选择跳槽

续表

评估的内容	具体阐述
其他因素评估	如果身体出现重大疾病时，对工作有重大影响时，建议选择停薪留职或辞职，等调理好身体后，再选择就业。如果家里发生重大变故，需要大量资金时，酌情选择工资较高的单位就职。如果需要长时间陪伴家人时，选择辞职，等家庭渡过难关后再就职。如果工作出现重大变化时，比如单位倒闭等，重新考虑是否继续工作还是选择其他工作

四、职业生涯规划评估的方法

职业生涯规划评估的方法如表 4-3 所示。

表 4-3　职业生涯规划评估的方法

方法	具体内容
交流法	交流法是指经常就自己的职业生涯规划及执行情况与同学、老师进行交流，听取他们的建议和忠告，然后据此改进自己的职业生涯规划及其执行方法
反馈法	准备一个记录本，记录一段时间内学习、思考的心得体会，以及参加的各项活动及其感想，然后检查并修订自己的职业生涯规划，看看哪些事情没做好，哪些学习和工作方法需要改进，哪些能力急需提升
对比法	对比法是指将自己的职业生涯规划及其执行情况与他人进行对比，找出自己的问题与差距，据此改进自己的职业生涯规划及其执行方法
评价法	在评价法中要做到全方位反馈，之所以说是全方位反馈，是因为在这一方法中的评价者包括被评价者的上级主管、同事、下属、客户等各类密切接触人员，同时也包括自评。实施大学生职业生涯规划全方位反馈评价，要重点做好以下工作：第一，做好同学间评议；第二，做深自我评价；第三，做实评价反馈

续表

方法	具体内容
分析、调查、总结法	每个月或每个学期结束后，要认真总结一下自己这段时间的收获有哪些，这些收获对达到最高目标有无帮助。另外，在每一个短期目标实现后，都应对下一步的主客观环境和条件重新进行调查、分析，看看条件是否变化，哪些变好，哪些变坏，总体如何，要做到心中有数，然后根据变化了的情况修订原来拟定的下一步计划

五、职业生涯规划评估的步骤

职业生涯规划评估的步骤如图 4-1 所示。

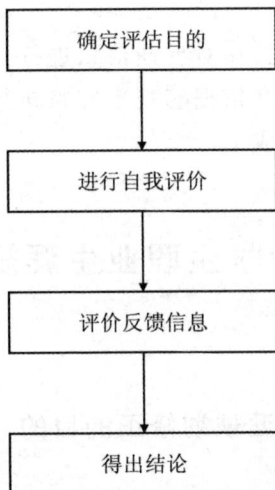

图 4-1　职业生涯规划评估的步骤

（一）确定评估目的

不论我们做什么事，在开始着手之前都要考虑一下，我们为什么要做这件事，即我们的目的是什么。所以，我们在做职业生涯规划的评估工作时要首先确定评估的目的及主要任务。

（二）进行自我评价

事实上，最了解自己的人还是自己。因此，在职业生涯规划评估中要首先进行自我评价。自我评价包括两方面的内容。

第一，按完成时间评估。

第二，按完成性质评估。

（三）评价反馈信息

由于各种因素的影响，反馈信息容易出现失真的情况。例如，有些人碍于"面子"，不肯讲出自己心里的真实想法，从而提供了一些无用的信息；有些人怕说出实话而得罪人，不进行客观评价。因此，要努力、仔细地对反馈信息进行甄别和筛选，从中选择对自己有用的信息。

（四）得出结论

运用科学的评估方法，在对反馈信息进行分析后会得出最终结论。一般来说，只要每个步骤都依据客观事实来执行，得出的结论就比较正确，评估工作也就顺利完成了。

第二节　大学生职业生涯规划的修正

一、大学生职业生涯规划修正的目的

对大学生职业生涯规划进行修正的目的主要包括以下几方面。

第一，决定放弃或者坚持自己的目标，并进行必要的修正。

第二，明确影响实施效果的关键因素，对实施策略的合理性加以认识。

第三，对需要改进之处制订调整计划，以确定修订后的实施策略能帮自己达成生涯目标。

二、对大学生职业生涯规划进行修正的内容

对职业生涯规划进行修正的内容包括以下几方面。

第一，生涯目标的重新选择。

第二，生涯发展路线的重新确定。

第三，阶段性生涯目标的调整。

第四，生涯发展目标的调整。

第五，生涯目标实施策略的变更等。

三、影响大学生职业生涯规划修正的因素

影响大学生职业生涯规划修正的因素有很多，概括来说主要包括以下几种，如表 4-4 所示。

表 4-4　影响大学生职业生涯规划修正的因素

影响因素	具体内容
个人因素	个人因素包括年龄、性别、学历、工作经历、家庭背景等。一方面要正确认识自己，另一方面要不断完善自己
环境因素	环境因素包括社会环境、政治环境、经济环境、科技环境、自然环境、法律环境等。从宏观层面认识到职业生涯发展的局限和可能，个人只能适应而不可改变
组织环境因素	组织环境因素包括组织规模、组织结构、组织文化、组织发展状况、人力资源规划、人力资源管理系统类型、晋升政策、人际关系等一切与职业生涯发展有关的组织因素。要改变组织因素非常困难，但个人可以选择到最适合自己发展的组织中工作

四、修正大学生职业生涯规划的具体步骤

修正大学生职业生涯规划的具体步骤如图 4-2 所示。

```
┌─────────────────────────────┐
│       重新分析自身条件        │
└─────────────────────────────┘
              │
              ▼
┌─────────────────────────────┐
│       重新分析发展机遇        │
└─────────────────────────────┘
              │
              ▼
┌─────────────────────────────┐
│      修改职业生涯发展目标      │
└─────────────────────────────┘
              │
              ▼
┌─────────────────────────────┐
│     修改整体的职业生涯规划     │
└─────────────────────────────┘
```

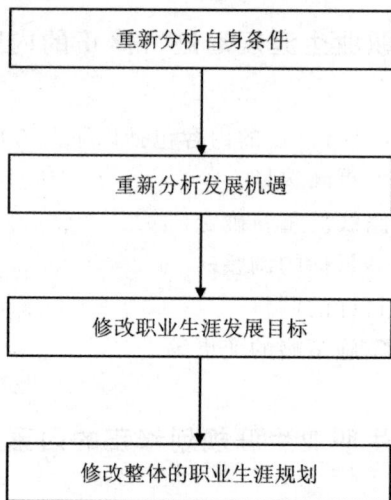

图 4-2　修正大学生职业生涯规划的具体步骤

（一）重新分析自身条件

通过"我能干什么、我能干好什么"的自我反思,掌握个人条件的变化及其在职业实践中检验的结果,加深对自己的认识,检验自己的职业素质是否符合现在所从事的职业的要求,检验自己的职业能力是否达到了现在所从事的职业的要求。

（二）重新分析发展机遇

随着家庭、行业以及社会经济条件的不断变化,我们需要围绕新的目标对当前经济社会的发展趋势进行分析。例如,所从事的职业在目前与未来社会中的地位,社会发展对自身发展的影响,自己所在企业的内外环境以及个人的人际关系等方面。

（三）修改职业生涯发展目标

修改职业生涯发展目标,应该着重分析发展目标的价值取向。已有求职实践或从业实践的毕业生,与缺乏求职、从业实践的在校生相比,发展目标的价值取向不再是虚拟的、理论的,而是实在的、务实的。实在的、务实的价值取向对于修改职业生涯发展目标或阶段目标是十分有益的。在取得求职或从业实践经验的基础上，对原有的价值取向进行深刻的反思，是职业生涯目标修改非常重要的保证。

（四）修改整体的职业生涯规划

反省原规划中存在的问题，回顾自己对原规划的落实情况，既有利于新措施的修改，也有利于新措施的落实。这种反省和回顾，不仅是调整职业生涯规划的需要，也是自我管理能力提高的过程。

根据重新设定的目标，制定整体的职业生涯规划，作为纲领性的长期规划；制定一个 3～5 年的职业生涯规划，作为中期发展规划；制定一个 1 年的职业生涯规划，作为可操作性强、变化较小的短期规划。

第五章　管理规划:大学生职业生涯规划的管理

　　每个人都要在职业生涯中度过大部分人生,但是由于每个人职业价值观的不同,以及对职业生涯管理投入的不同,每个人的职业生涯结果也会有所不同。因此,明确职业生涯管理的重要作用,做好职业生涯管理,对于每一个想获得事业成功的人来说都是非常重要的,特别是对大学生来说,能够早日了解职业生涯管理的相关问题,就会更早地进行职业生涯管理,从而掌握职业生涯的主动权。

第一节　职业生涯管理概述

一、职业生涯管理的定义

　　职业生涯管理是指组织与员工本人对职业生涯进行设计、规划、执行和监控的过程,其宗旨是追求员工个人目标和组织目标的协调统一。

二、职业生涯管理的主体

(一)个人职业成功的主观标准

　　经过衡量以后,客观上的职业成功并不代表主观上的成功。以往人们在追求客观职业成功时,大多忽略了主观的意愿兴趣及社会使命,如果一个人对自己现有的工作在很多方面都不满意,他是不可能感到自己的职业生涯是成功的。因此,现在人们越来越重视职业成功的个人满意度。人们更看重的是职业本身能否给他们带来个人认同感、幸福感、胜任感以及赢得他人及社会的尊重等,希望职业发展能给个人带来更为实际的情感回报,使工作与生活达到和谐共处。

（二）个人在职业生涯管理中的主体地位

职业生涯管理强调个人的能动性和自愿性,能动地开发自己的潜能,使自己的智力、品德和体力得到更好的发展,为自己的未来前程负责。当今时代,每个人都是职业生涯管理的主导者,彰显个人特质,展示自信与魄力,自主、主动、创造性地学习,把对职业目标的追求与对生命意义的追求结合起来,通过职业发展成就自我价值。

三、职业生涯管理的目标

职业生涯管理的目标主要包括以下几方面（表 5-1）。

表 5-1 职业生涯管理的目标

职业生涯管理的目标	具体阐述
个人发展最大化	职业生涯管理的目标就是要实现个人发展最大化。职业生涯管理是动态过程,要对实现发展目标的整个过程进行管理。人的职业生涯分为不同的阶段,从业者的心理特征和发展重心在同一阶段具有共性;而在不同的阶段,人们的态度和行为存在着较大的区别,从而使职业生涯管理的方法也因人而异。职业生涯管理强调自主、自治和自觉,它把工作与个人的成长和发展结合起来,从一个更长远,更广阔的角度,对个人今后的职业生涯做出适合自己性格特点、职业兴趣、知识才能和理想追求的规划及管理。职业生涯管理是建立在从业者清楚了解自己所掌握的知识、技能等基础上,对自己的职业发展制定明确的职业目标和完善的职业规划

续表

职业生涯管理的目标	具体阐述
终生构建人力资本	职业生涯管理通过培养管理的技能来提高个人的就业能力,帮助个人终生构建人力资本。职业生涯管理对个人而言,它能使员工明确个人发展的目标方向,找出职业发展的关键因素并加以充分的利用和开发,减少不必要的精力损耗,充分发挥个人潜能,使个人得以快速发展
个人发展与单位发展、社会需要相结合	职业生涯管理注重个体发展与单位发展、社会需要相结合,应满足个人、组织和社会的需要。简单的"找一份理想工作"会导致职业生涯管理的功利主义,大学毕业生要认识到个人在漫长的职业生涯的每个阶段中存在的典型矛盾和困难,并找出解决和克服的有效方法。在职业生涯管理中,大学生应引导个人与组织目标的方向保持一致,并在工作中脱颖而出

四、职业生涯管理的关键

职业生涯管理关键要做到三个方面。

(一)学会归零

成功的人士在创下佳绩以后,往往能够谦虚务实、重新再来,犹如登山者一步步向巅峰攀登,最终取得成功。而失败者则是在收获了一份成就以后,便骄傲自满,不思进取,最后再也没有多大的成就。大学生要学会归零,重新开始。将事业归零以后,人生可以重新开始,换个方向,使人再次奋发,人生从此翻开新的篇章。

(二)与单位和社会的发展相适应

1. 个人与单位的适应

作为一名员工,要紧跟单位发展的步伐和方向,将个人的发展与单位的发展联系在一起。另外,单位的发展离不开个人的奉献。在现代社会中,创新是单位发展的必由之路,单位需要不断地创新才能立足于市场;而人是创新的根本,个人的创新会推动单位的创新。

2. 个人与社会的适应

个人职业目标实现的条件是由社会环境所提供的。如果社会环境条件不允许,个人的职业理想就不可能实现,人们在自己工作岗位上有目的、有意义的活动,就是在推动社会发展的进程中留下了自己的印记。

(三)人尽其才,才尽其用

每个人都有自己的优势和不足,如果千篇一律地跟着别人干同样的事情,就会让自己因为自身特长得不到很好的施展而感到沮丧。每个人都有一个能发挥才华的位置,如果能够认识到"我才必有用",在实践中磨炼自己,就有可能在某行业中发奋图强,开创实现职业理想的新局面。

第二节　大学生职业生涯规划管理的内容

职业生涯是伴随人一生的一个长期的、动态的过程。人的职业生涯管理可以分为早期管理、中期管理和后期管理三个阶段(图 5-1),对职业生涯各个阶段进行管理,可以促进个人健康成长,实现确定的职业目标。

一、职业生涯规划早期管理

(一)职业生涯规划早期阶段的含义

职业生涯初期(30 岁前),相当于美国学者舒伯职业生涯分期理论中的尝试阶段(25～30 岁)。这一阶段是取得职业正式成员资格的阶段,人们的主要任务是了解和学习组织纪律及规范,接受组织文化,逐步适应职业生活,力争成为一名专家、职业能手。

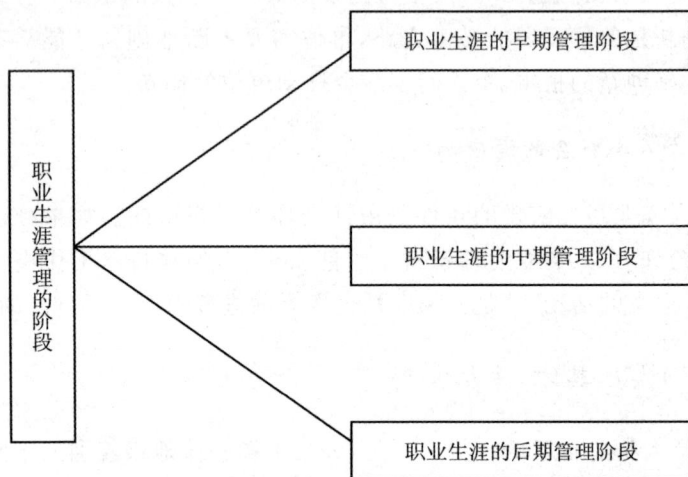

图 5-1 职业生涯管理的阶段

在这一阶段，个人离开学校步入社会，对职业的相关知识并不是十分了解，对职业规则、流程的想法和看法也较为青涩。此时，工作单位在职业生涯早期阶段的第一个任务就是从外在因素出发，如组织岗前培训、业务培训、加强员工之间合作交流、熟悉工作单位工作章程和价值理念等，帮助员工尽快适应职业岗位，迅速做好职业人角色的转变、思维的转换，以便能够迅速融入工作单位的工作氛围中。同时，个人也需要通过自身的努力逐步适应、融入工作单位，胜任岗位，实现团队合作，最终学会如何在组织系统中工作。

（二）职业生涯规划早期阶段的特征

1. 具有远大的职业理想和职业抱负

精力旺盛、充满朝气、因家庭负担较轻而洒脱是年轻人特有的气质。在刚刚步入职场之际，大部分人都会有满腔的工作热忱、宏伟的职业蓝图和强烈的成功欲望，这种内在的动力成为工作发展的内驱力。随着工作经验的积累、工作能力的提高、人际交往范围的扩大、工作业务的拓展，他们可能一步步地走向成功。

2. 进取心强

进取心是一种内在的推动力量，它可以促使个人不断进步，但是由于年龄、阅历等各方面的因素，会出现浮躁、冲动、过于武断地评判自己，不能给自己的实际水平做精准的定位的现象。同时，由于争强好胜，也容易与同事产生不和谐，影响与周边同事之间良好人际关系的建立。此外，由于初涉职场，在各种因素的干扰下会对自身的最初职业选择产生动摇或怀疑。

3. 调适家庭与事业之间的关系

随着工作的稳定，个人开始考虑成家或者生子，此时或多或少会对工作造成影响，如何将家庭与事业调适至最佳的状态成为需要注意的问题。同时，家庭责任使得个人以自我为中心的意识让位于家庭观念，家庭责任感随之增强。

（三）职业生涯规划早期阶段容易出现的障碍

1. 职业角色认知偏差

新员工受角色认知偏差的影响容易造成角色不清的问题，不能根据实际工作的要求及时地进行调整，出现角色行为失范和角色准备不足等问题。作为员工应做到以下几方面。

第一，要为单位的发展而努力工作，要承受工作的压力。

第二，要应对单位内部各种人际关系，大多数毕业生都会用以往的方式来应对，容易陷入迷惘之中，体现在对单位认同、人际关系、企业文化等方面的不理解。

2. 稳定性较低

在这一阶段，员工流动率很高。有些员工想通过探索新的职业选择来找到自己的职业目标，试图通过变换工作来寻找适合自己的职业，跳槽非常频繁。有些员工在择业时仍然停留在不切实际的思维中，盲目择业，不考虑自身的实际情况，导致对工作的预期与用人单位的实际情况存在明显的落差。

3. 职业迷惘

在工作中，新员工会表现出对单位发展或单位文化的不理解和不认同，从而降低他们的工作热情和对工作的敬业度。新员工迷惘的重要原因在于个人的发展目标与单位提供的机会和职业道路不一致，个人缺乏自信和社会经验。

(四)职业生涯规划早期阶段的管理措施

1. 扮演好一个"初级员工"的角色

大学生在进入工作岗位以后应逐步熟悉单位的文化，了解单位内部的人事关系和管理情况。

第一，要具备个人的自信心和进取心。大学生进入新的工作环境缺乏的不是技能，而是信心，应与老员工多交流，破除心理上的恐惧和担忧。

第二，要学会成为一个好下属，接受作为一名"初级员工"的角色。

2. 树立良好的个人形象

大学生步入职场以后，应学习单位的规范要求，逐渐适应个人职业和单位要求，注意树立自己良好的形象。新员工需要不断学习系统的专业理论知识，了解单位管理系统，在工作中不断纠正业务上的失误，在磨合中找到个人与单位的最佳结合点。通过对实际工作的体验与总结来判定自己当初的选择是否正确，在必要时重新作出选择。

3."安稳"地工作

毕业生在这一阶段最好不要轻易跳槽，如果这一阶段能够做到"安稳"地工作，有利于积累工作技能和人际关系，为日后的发展打下基础。

二、职业生涯规划中期管理

职业生涯中期(30～50岁)，相当于美国学者舒伯职业生涯分期理论中的稳定阶段(30~40岁)和中期危急阶段(40多岁),是一个既有可能获得职业生涯成功,又有可能出现职业生涯危机的较宽阔的职业生涯阶段。

(一)职业生涯规划中期阶段的特征

1. 个人总体生命空间特征

个人到了职业生涯发展的中期阶段,其总体生命空间呈现新的变化,显示出这一阶段独有的特点。

(1)职业生涯发展中期处于三个生命周期的完全重叠时期

人的生物周期贯穿人的一生,家庭生命周期则从28岁左右开始贯穿人的后半生。职业生涯周期从20岁左右开始至60岁抑或更长时间结束,如果职业生涯中期阶段定位在31~50岁,那么三者重叠的时间长达20年。而在职业生涯的其他阶段,三者重叠的时间则相对较短。

(2)职业生涯中期生命周期运行任务繁重

这一时期,个人不仅需要面对工作,还需要承担维系婚姻、赡养父母、教育子女等一系列家庭责任。因此,需要更加客观地认识自我、审视工作、确立目标方向、寻找事业与家庭之间的平衡点。

(3)职业生涯中期个人职业生涯运行和发展任务加重

在这一阶段,个人的职业能力趋于成熟,此时,个人希望确立或保持其在专业领域的领先地位,以自己的知识、经验、技能来获取更多的回报,然而由于可能会面临职业生涯中期危机,职业发展任务较职业生涯发展前期更加繁重。

(4)家庭生命周期在这一阶段发生显著变化,并产生相应的问题和任务

在这一阶段,大部分人已经成立家庭,由单身变为有配偶和子女,且子女逐渐长大成人,父母日渐衰老,家庭关系日益复杂。个人既要承担家庭责任,又要协调好与配偶、父母、子女之间的关系。

2. 个人能力和职业生涯特征

职业生涯中期是一个持续时间较长的发展阶段,在这一阶段,尽管

每个人的事业和能力发展的具体情况不同，但总体来说，这一时期个人的职业能力逐步成熟、稳步提升，形成相对稳定的工作作风，职业技术娴熟、职业工作经验丰富，成为所在工作岗位的业务骨干，已经具备创造一番业绩的潜在实力等。但这一阶段的个体也有可能陷入职业生涯中期危机。如何避免中期危机的出现，开创事业高峰，需要强化个人在该阶段职业管理的任务，同时用人单位也要有效率地实施中期阶段的职业生涯管理。

（二）职业生涯规划中期阶段可能出现的障碍

1. 出现职业倦怠

随着时间的推移，经过长期的工作以后，工作不再富有挑战性，员工对工作丧失了激情，工作积极性减退，职业倦怠日益显现。处于这一阶段的员工工作缺乏生机和活力，许多员工会转向以家庭和个性发展为中心，不再将自己的精力集中在工作上，他们安于现状，得过且过，甚至会考虑跳槽，选择其他单位。

2. 职业认同感受到冲击

职业认同感是人们努力做好本职工作，达成单位目标的心理基础。在长期工作以后，由于对自身职业认知产生偏差，个人容易产生定式思维，对自己的职业产生冷漠不满的情绪，大大降低对职业价值的评价，员工缺乏明确的组织认同和个人职业认同，表现出职业发展的停滞，对单位的激励政策和晋升路径产生不公平感。员工对工作缺乏创造的欲望，缺少职业效能感和成功的体验。在日常工作中，他们仅仅满足于完成工作任务，将职业视为一种谋生的手段而已。

3. 职业期望落空

有些员工虽然在单位工作了很长时间，但是仍然没有找到自己的职业定位。出现当前的职业发展与早期的职业目标不相一致，未能取得所期望的工作成就。

（三）职业生涯规划中期阶段的管理措施

1. 用人单位管理

（1）坚持以人为本，实现互利双赢

人才，特别是关键管理技术岗位的人才是一个单位的核心竞争力。当员工个人出现职业高原现象时，必然会对生产效率和经营效益产生不利影响。为此，用人单位可以加强职业生涯规划管理，具体来说主要包括以下几方面。

第一，制定平等的晋升机制，使员工个人相信只要能力强、技术过硬，就能获得很好的发展前途，从而增强员工个人工作的内动力。

第二，提供职业素质培训机会，根据每个人的不同特点为员工制定专业培训方案，发展和提高员工的专业知识和技能。

第三，对于需要改变工作性质的员工实施转岗培训。

第四，针对个体自身知识结构老化，但仍然保持高度进取心的员工可以考虑给予其定期的专业提升培训。

第五，对于希望进入管理层的员工，在符合条件的前提下给予相关培训。

第六，创造岗位轮换的机会，通过多元化的职业活动，使员工在提升业务能力、避免职务专业化所产生的厌倦感的同时保持对工作的敏感性和创造力，不仅能够发挥个人工作潜能，而且能够增强工作适应力，提升个人价值。

（2）提倡成功标准多样化

一些员工会把职位的晋升作为其职业生涯是否成功的标准之一。然而，有限的职位只会提供给有限的员工，这使得大部分员工感到极大的心理压力。因此，企业应该提倡职业生涯成功标准多元化，让员工充分了解工作本身所带来的快乐、丰富的工作经历以及自我价值的实现也是职业生涯成功不可或缺的因素。

（3）建立多重职业生涯发展阶梯

员工的职业生涯除了管理型职业生涯以外，还有技术性职业锚、业务性职业锚等，因此，在建立传统管理型阶梯外，还应搭建技术型阶梯、业务型阶梯等多重职业生涯发展阶梯。这样既激发了从事非管理类岗位工作人员的竞争内动力，又减小了管理岗位员工的竞争压力。

2. 自我管理

(1)端正态度

如果愿意留在原来的单位，继续原来的工作，就应该端正态度，不能成天愤世嫉俗、怨天尤人、得过且过地混日子。在单位内部轮换工作岗位，进入新的职业领域，改变工作角色，寻找新的发展机会，这是一种不错的选择。同时，注意更新并整合自己的职业技能，在合适的场合下主动充分地展示自己的才能。

(2)明确个人的抱负

员工要明确自己的职业抱负和个人前途，客观地评估自己的个人能力、发展动机和职业价值观；接受当前的职业发展现状，不断修正发展方向；摆脱以往的角色定位，选择新的工作角色，或者选择看得见的前途，离开原来的单位，寻找新的职业角色。

(3)采取积极的发展策略

这一阶段，个体要对自己充满信心，能够判断自己的业绩情况，独立而可靠地开展工作；保持自己在专业领域中的领先优势；更加勤奋地寻求自我突破，使自己不断跨越新的高度；努力成为某一领域的骨干或专家。

(4)抓住一切培训机会

这一阶段，员工应当多参加单位内外举办的有关培训活动，使自己获得职业发展所需要的各种职业技能和经验，在多个方面都有充分的发展；不断探索、勇于创新，明确自己在某些方面的特长，并加以正确引导和培养，最大限度地提升个人的社会价值。

(5)积极进取

进取心是非常强大的力量，能够推动员工积极上进，有效工作，积极解决工作中遇到的一些问题。积极进取是一种努力向前、有所作为的人生态度，能促使员工通过尝试去赢得人生的坚强，充满希望地快乐成长。

(6)进一步实现文化理念的融合

在职业生涯中期阶段很容易出现职场疲惫的现象，而一个企业内在和外在的文化则会增强员工与企业之间的凝聚力，会使个人及时调整好心态，对工作更加有激情和活力。

（7）注重学习，提升自我

要注意学习，将学习作为个人生活的必然组成部分，更新专业知识和技能，提高自信心，通过阅读专业书刊、参与专题讲座、研讨会或培训，努力提升自己。并将学到的知识运用到工作中，不断改善自己的工作质量，提高绩效水平。

（8）选择需有挑战性的工作

很多人工作都是在追求自我价值的实现，并期望能够得到组织和社会的认可。因此，可以选择能够激发自己兴趣的工作，并把在工作中出现的困难变为前进的动力，当发现目前状况已经不再适合自身的发展，或对现在的职业感到没有希望的情况下，可以重新选择更有前途和更感兴趣的工作。

（9）挖掘潜力，寻求机遇

处于职业生涯中期阶段的员工，对于成功和自主权的需要依然很强烈。对个人而言，要促使自己保持对最新技术的跟踪和学习，在获得了对自身潜力挖掘和对最新技术的学习后，个人可以通过在组织中申请工作轮换和平缓调动的方法来驱使自己远离职业生涯高原的困扰。这样，可以为个人带来足够新鲜的挑战，可以有新的技术和合作对象来改善沉闷的心情，降低做同样事情所产生的厌倦感。要尽早提升自己的才能，这样机会来临时可以顺利获得。在此阶段，我们需要做的就是不断挖掘自己的潜力，充实自己。

三、职业生涯规划后期管理

职业生涯后期（50～60 岁），相当于美国学者舒伯职业生涯分期理论中的维持阶段（45～65 岁）的后半段。由于长期在某一职业上打拼，这一阶段的人们一般都已经在自己的工作领域获得了一席之地，具有比较丰富的经验，得到了他人的广泛认同，达到了人们常说的"功成名就"的境地。

（一）职业生涯规划后期管理的特点

1. 个人职业特点

和年轻员工相比，他们拥有长期职业生涯积累的丰富经验和业务知识，如技术、处理特定问题的经验等，而且他们拥有丰富的人生阅历，见多识广，能冷静处理各种复杂的人与事、人与人之间矛盾的能力和经验。因此，他们依然能够在企业中发挥自己独特的优势。此外，还具有以下几个显著特点。

（1）工作经验丰富

处于这一阶段的个体积累了非常丰富的工作经验，形成了完备的认知结构，工作能力稳步提高并趋于成熟，具有独特的工作方法，在工作上能够独当一面，独立地开展自己的工作，已经成为一个真正有实力的人，是单位资深的骨干员工。

（2）有一定的工作成就

在这一阶段，员工在既定的工作领域中已经取得了不俗的工作成果，并获得了一定的地位，各方面都平稳地向前发展。其中，一些优秀的员工已经走上了管理层，在事业上不断取得成就，并逐步达到事业的巅峰。

（3）形成自己的工作作风

这一阶段个人的价值观和世界观逐渐成熟，责任心增强；具有一定的生活和工作阅历，熟练掌握了处理人际关系和各种事件的技巧；在实践中学会了大胆、果断地处理问题，在工作过程中的处事方法合理，方式得当，逐步形成了稳健、务实和严谨的工作作风；在心理上能够接受工作所带来的更大压力与责任，深化学习、勇于实践、积极反思。这已成为这一阶段员工成熟的重要标志。

2. 个人环境特点

处于职业生涯后期的员工，子女多数已经成家立业，家庭出现空巢现象。许多人开始重新构建自己的社交圈。社交活动的目的不再是为了职业发展而有计划的"觥筹交错"，而是变成了三两知己共叙友情或老友们的"家庭聚会"。

3. 个人身心特点

处于职业生涯后期的员工，在饱尝了生活和工作中的酸甜苦辣之后，健康问题逐渐显露，身体不适增加。在这个阶段，个人自我意识上升，怀旧感加强。这时的员工觉得自己已经工作了一辈子，现在到了安享晚年、追求兴趣爱好的时候了，同时也开始怀念曾经的人和事。还有一部分人,在职业生涯后期会产生比较严重的心理障碍,对前途感到迷茫,自信心明显下降。

(二)职业生涯后期管理面临的问题

1. 心理恐惧感增大

个人一旦从工作岗位上退下来,经济收入就会减少,但市场消费品水平却可能有所提高。如果能健全保障制度,及时足额发放退休金,使个人的衣食住行有保障,那么个人在经济上的心理恐惧感就会减弱。在职业生涯后期,个人大都已经进入人生暮年,他们开始寻求心理的归宿,所以,年轻人要积极主动地从各个方面来关心老人,让他们的心理安全感增强,同时,在这个阶段个人由于年龄增大,身体各项机能减退,患病的概率增大,这也给个人造成了心理负担。

2. 职业生涯即将结束

个人在过了50岁之后,就要面临从现在的岗位上离开,把位置交给新人。但是,由于我国现有的政策,更多地倾向于在岗员工,所以造成许多老员工不愿意退下来。这种情况影响了组织的更新、更替和发展进程。另外,受到传统观念的影响,尽管很多年轻人有能力,少年得志,或者更强,但是老员工总是会有年轻人轻浮、不能担当重任的想法,所以就不愿意把自己的岗位让给年轻人。

3. 不适应突变的生活

当一个人养成了一种习惯的时候,就很难改变。处于职业生涯后期的员工也是如此,他们已经习惯了每天用工作来充实自己的时间,突然离开了工作岗位,离开了自己朝夕相处的工作环境,感觉很难适应,生出许多失落和无奈,面对未来的生活感到不适和迷茫。如果这个人在岗是一个工作狂的话,那就更难从失落中走出来,空闲时会感到无所适从。

(三)职业生涯规划后期的管理策略

进入职业生涯后期管理阶段,虽然个人已经进入暮年,但是进行正确的自我管理仍然十分重要。虽然每个人因为自身实际情况不同而遇到的问题不尽相同，但是把问题掌握在自己手中，凡事做到心中有数，也未尝不是一件值得做的事情。所以，我们可以采取以下措施合理地进行职业生涯后期的自我管理。

1. 描绘退休的图景

根据自己的兴趣爱好和价值标准，准备退休的员工应该问自己一些基本的问题。例如，退休后做些什么才是有价值和值得的？为自己描绘一幅退休以后生活的图景，选择开始新的人生。

2. 消除不安全感

有的人开始害怕不适应退休后的生活，因此，准备退休的员工要学会接受和发展新的角色，消除"不安全感"。以积极的态度进行职业生涯管理，理性地看待角色的转变；调整心态，淡化自我意识，接受权利和责任中心地位下降的事实；适应职业与心理的变化，遵守生物节律，保持良好的生活作息习惯，发展其他方面的兴趣爱好，健康地生活，愉快地为退休后的生活做好准备。

3. 培育新员工

在准备退出职业生涯之前，员工应该合理地开发和利用自身的价值。

第一，在工作岗位上仍然努力工作，为单位贡献才干。

第二，要有意识地培养自己的接班人，把工作经验传授给新员工，乐于对新员工进行工作上的辅导和培育，并把这一行动作为对他人的一种帮助，享受"施比受更快乐"的人生境界。

4. 面对现实，欣然接受

处于职业生涯后期阶段，伴随着个人年龄的增长，能力和竞争力下降是一个不争的事实，要学会勇敢面对，大胆接受，寻求适合自己的新的职业角色，充分发挥自己的特长和优势。通过言传身教等方式，将自己的感受和对职业的理解传递给继任者。人生是阶段性的调整，每一个阶段，都有不一样的努力目标。退休并不是代表结束，只是另一个阶段的开始，如果调整过来，就会其乐无穷。

5. 调整心态，适应生活

职业生涯后期，缺乏直接沟通和交流的对象，没有合适的发泄情绪的渠道和方式，是直接导致个人变得忧郁不安的直接原因。自我要学会发展和接受新角色，比如，可以和家人一起组织小型的家庭聚会，邀请亲朋好友一起参加；可以和新入职的年轻人交朋友，相互提供感情支持；还可以申请加入一些公益团队，做自己力所能及的事情。当然，所有这些努力的实施都离不开良好的心态，树立每个人的价值仍然可以通过其他方式来体现的观念，这种思想重心的转移有利于个人重新发现生活的意义。

6. 培养兴趣，充实自己

进入职业生涯后期，随着生活重心的转移，个人时间相对增加，为发展个人的兴趣和业余爱好提供了充足的条件保障。因此，人们应该多参加一些符合自己兴趣爱好、有利于身体健康的业余活动，来丰富和充实个人的生活，寻找新的满足点。作为老年人更应该继续寻找和培养自己的兴趣，使自己生活得更愉快，更快地适应退休后的生活节奏。

第三节　大学生职业生涯规划管理的注意事项

一、把握家庭情况与自身生涯规划之间的平衡

我们在进行职业规划的过程中都注意到，个人的生涯规划还需要考虑到自己身边各个方面的情况，其中家庭对每个人都具有重大意义，也会给职业生活带来许多影响。家庭对于每个人生活的重要性是非常大的，因此，生涯规划与家庭平衡对于我们实行科学的生涯管理和调控是非常重要的。对于大学生而言，很多问题尚是设想中的问题，职业—家庭平衡计划从本质上来说是针对职业人的，但作为未来的职业人，大学生在制定这项计划的时候要有一定的前瞻性，要充分考虑到自己的职业决策在相当长的时间内会对家庭生活产生的影响，多听取家人的意见，

这对今后的职业生涯发展是非常重要的。就大一学生而言，在思考未来的生涯规划和调整自己的生涯规划的时候，要充分地考虑到未来职业选择对于家庭的意义，要根据自己的实际情况科学合理地进行职业选择，要在与家人充分沟通的基础上对家庭在职业选择中的权重有适当的认识，最终在两者之间达到充分的平衡。总而言之，职业不仅仅是个人的事情，也不仅仅是兴趣决定的事情，而是需要综合考虑各方面因素的。

二、合理利用社会人际关系

合理利用社会人际关系确实可以说是全社会的共识，但是对于大学生来说，因为他们的生活内容比较单纯，社会人际关系的作用一般也局限在一定范围内，因此大学生一方面要积极合理利用社会人际关系，有着善待他人的意识，另一方面要克服功利思想，纯化人际关系，真诚待人。另外，还要注意克服狭隘的小团体意识，多交朋友，特别是锻炼自己与不同类型的人群交往的能力。

三、管理好自身除个性以外的资源

（一）学校、专业、求学地区

对于大学生特别是大一新生来说，学校、专业、求学地区代表着很多东西。因为生涯成熟度的关系，大多数同学选择的学校与专业、求学地区并非都是本人的直接选择。而大一学生也往往或清晰或朦胧地认识到这些和未来的职业方向、地域等有着密切的联系，因此，如何正确对待这些问题很重要。另外，大学排行榜对于大学生生涯规划的影响也比较大。此外，教师资源、硬件设施、学生素质、职业规划辅导方面的差别，也会对学生的职业生涯规划产生较大影响。总的说来，大学生要做到踏实努力，认真学好专业。要认识到自己专业学习的质量才是个人真正职业竞争力的一个源泉，"寒门"也能出"高士"，将学校、专业、地域等的"比较"置于理性的基础上，认识到生涯规划的多维度，不把学校、专业、地域等作为唯一的指标，应该立足于长远发展，尽快、尽早进行能力、知识上短板的弥补和针对性的训练；将自己的生涯目标合理化。不进行盲目的攀比，在个人素质特别是心理层面上要下大力气提升，以争得"相对优势"，赢得胜利。

（二）性别与"身份"

在就业的性别上，确实在很大程度上能反映目前我国在就业问题上存在的性别差异。实际上，性别对每个人的生活都有重要的影响。在日常生活中我们可以看到，性别与生涯规划中的目标计划有着很紧密的联系。一般认为，男性在这方面比较擅长，这可能说明男性更能主动地设立目标并考虑制订计划。针对这种情况，我们在管理自身的生涯规划时，要正确认识性别的意义以及差异。特别要做到以下几方面。

第一，认识性别差异，对于目前存在的"男女有别"的现象要有理性的认识，不能一概摒弃。

第二，发挥性别优势，寻找自身性别在职业上耦合度比较高的职业种类并早做规划和训练。

第三，克服封建思想，真正建立男女平等的思想，对于男外女内甚至男尊女卑的封建思想要坚决摒弃。

另外，大一学生因为年龄和成长经历的关系，对于"身份"问题也是非常关注的。一般说来，在校园里锻炼能力，最好的方式也许就是当学生干部了。当学生干部为找工作准备了一块有力的敲门砖，这可能是因为学生干部的人际交往能力显著高于普通大学生。但实际上，可能是因为学生干部实践锻炼的机会比较多，就业机会相对来说比较多，对职业生涯规划有时候不够重视，导致部分学生干部并没有比较科学的职业规划。针对这种情况，特别是大一新生要注意以下几点。

第一，摒弃功利思想，不能仅仅将学生干部作为加重求职砝码的"身份"。

第二，积极要求进步，努力成为学生干部，虚心向学生干部学习，把这种经历作为锻炼自己能力的重要手段。

第三，不迷信学生干部的"威力"。实际上学生干部仅仅意味着一种临时的身份，而且这种身份是完全为学生服务的。不能说所有学生干部的能力都强于普通学生，特别在职业规划方面更是如此。

第六章　未雨绸缪:大学生的就业准备研究

双向选择、自主择业为每一位求职者提供了相同的择业机会,而要把握机会,做出正确抉择,就要做好就业准备。合理的知识结构、完善的求职材料、良好的就业心理和就业能力都是就业准备的重要内容。

第一节　大学生就业知识的准备

一、大学生就业应具有的相关知识

当今的大学生要想在就业的大潮中立于不败之地,就必须要拥有相关的知识,概括来说,这些知识主要包括以下几方面。

(一)扎实的基础知识

大学生在毕业前,必须掌握扎实的基础知识,积极拓展自己的知识面,这样才能有效地拓宽自身的择业面,给毕业后的择业、就业创造更多的机会。

(二)精深的专业知识

专业知识是指大学生在大学期间需要学习的本专业的学科知识,是大学生走向社会,成功就业的前提,只有拥有了精深的专业知识,才有可能充满自信地在其他方面努力去提高自己,让自己成为更好的自己。

(三)系统的马克思主义理论知识

大学生不仅要具有较高的文化素养,还应该具有系统的马克思主义理论知识，只有这样，才能成为合格的社会主义建设者和接班人，也才能在激烈的竞争中立于不败之地。

（四）广博的相关知识

作为一名大学生，应该利用在校学习的时间，不断完善自身的知识结构，如果知识面太窄，就难以适应工作的需要。缺乏本行业的专业知识，就无法实施具体的工作。因此，在大学学习过程中，应把这两方面结合起来，努力成为复合型人才。同时，不能仅仅是对过去及现有知识的继承、掌握与应用，更要实现知识的不断更新，以适应知识经济时代的需要。

二、大学生就业知识准备的途径

（一）以兴趣为基础

一个人知识结构的建立必须考虑知识结构与目标方向之间的协调性，必须考虑社会的需求和自己的兴趣爱好。

第一，大学生要充分认识到所学的知识和技能对社会、自身的重要作用，从而产生强烈的学习兴趣。

第二，大学生应根据社会需求，结合个人具体情况，明确在不同学习阶段和不同课程中的任务，并以取得的阶段性成果来激励自己。

根据拟定的知识结构，将自身的知识结构按整体性要求以及层次进行优化组合，并构建出一种适于自己的知识结构雏形。

（二）正确认识自我

正确认识自我是建立科学合理知识结构的前提。大学生必须明白自身的优势和不足，认识到优化知识结构的必要性以及选择合理知识结构的优化模式。需要注意的是，即使选择了优化模式，但如果自身并不努力，也不能获得合理的知识结构。

（三）运用好学习工具

对大学生来说，就必须在注重学习的同时，有效利用图书、网络和社会实践等学校资源。大学生可以结合自身特长爱好，运用好学习工具，努力拓展自身素质，开阔眼界，全面提升个人综合文化素质。

（四）掌握科学的学习方法

要敢于质疑，学会创造，善于自学，自主学习，高效率地吸取、整合和创造知识。同时，在学习中不断地调整知识结构，使之更加趋于合理。

（五）掌握知识的积累途径

大学生必须要不断地进行知识的积累。从整体上来说知识的积累有两种途径。

第一种途径是从书本中获得，即从对书本的学习中获得知识。

第二种途径是从实践中获得，即通过实践来获得相关的知识。

这两种途径各有长短，它们相互依存、相互补充、相互发展，二者都不能偏废。

第二节　大学生就业心理的准备

一、大学生就业常见的不良心理现象

大学生就业常见的不良心理现象有很多，常见的主要有以下几种。

（一）过分追求享受，性情孤傲

过分追求享受的求职心理在大学毕业生身上常常可以看到。一方面求职或择业的动机既有为国家、为社会、为人民做出贡献的强烈愿望，另一方面也有获取高收入、高地位的渴求。此外，有的毕业生认为自己接受了大学教育，理所应当比没上过大学的同龄人有更好的工作，于是在选择工作时对用人单位横挑鼻子竖挑眼，或是对收入不满，或是认为干这一行太屈才，最终贻误战机，只好将就凑合。大学生求职过程中的这种孤傲心理正是大学生不成熟的表现，一味地孤芳自赏、自以为是，结果只能在就业竞争中四处碰壁，无法实现自己的理想和人生目标。

（二）消极自卑

自卑是一种常见的心理现象，主要表现为低估自己的能力，自信心不足。在竞争激烈的求职场上，部分大学毕业生因所学专业不景气等原因会产生强烈的自卑感，有这种心理的毕业生往往没有信心和勇气面对用人单位，不敢主动参与就业竞争，在求职过程中缺乏自信心。他们往往不敢正视现实，对自己的长处估计不足，缺乏竞争的勇气，从而严重影响了就业与择业。特别是一些性格内向、不善言辞、学业成绩平平甚至受过某种处分的学生，面对人才市场时，常有自卑心理，悲观失望、觉得自己事事不如别人，心理负担过重。

（三）期望一步到位

大学毕业生期望自己的第一份工作就能够达到理想状态，这就是希求一步到位的心理。大学生在进行职业选择的时候，由于社会阅历、年龄等限制，对于职业生涯的规律只知其一，不知其二，他们的挑剔缺乏客观依据，具有片面性。有的学生受到传统观念的影响，将第一次就业看得非常重，认为这将决定自己的一生，而没有意识到新的择业观正在进入人的头脑，每个人都有很多次重新选择职业的机会。面对竞争激烈的人才市场，大学毕业生在选择职业时，应把握好每一次应聘机会，客观合理地确定自己的职业发展计划，只有这样才能不断地靠近自己设定的理想目标。

二、大学生就业心理准备的途径

（一）正确认识自我

1. 正确认识自我的概念

自我的概念主要包括现实自我、投射自我和理想自我三个方面的内容（表 6-1）。

表 6-1　自我的概念

自我的概念	具体内容
现实自我	现实自我又称个人自我,是个体从自己的立场出发对自我目前实际状况的看法与认识,包括对自己的躯体、行为、人格、角色特点的认识
投射自我	投射自我也称"镜中自我",是个人想象中他人对自己的看法与评价。现实自我与投射自我间常有距离。当距离加大时,个体会感到他人不理解自己
理想自我	理想自我是个体从自己立场出发建构的将来要达到的理性标准,也是个人行为的动力和参考系数。大学毕业生在寻找工作的过程中,会受到理想自我的影响

2. 正确认识自我的特征

自我的特征,具体来说有以下几个(表 6-2)。

表 6-2　自我的特征

自我的特征	具体内容
能动性	自我的能动性表现在个体在自我认识的同时,还能调控个体的行为与心理,按照自我定义不断完善自己
社会性	自我的社会性表现在自我要受到社会的制约。个体自我需要的实现只能在一定的社会经济结构中才有可能,任何人都不能脱离社会而单独存在
自觉性	自我的自觉性体现在个体对自己及自己与周围的关系有清醒的认识上,能使心理活动处于自觉的状态中

（二）树立正确的就业观念

1. 树立主动就业的观念

当代大学生要理性地看待目前严峻的就业形势,要认识到机遇往往是与挑战并存的。因此,广大毕业生应树立主动就业的观念,具体来说,应做到以下几点。

第一,调整好自己的心态,全面冷静地分析自己和社会,不断地充实自己,提升能力,适应社会需求。

第二,积极参加招聘活动,认真把握每次就业机会,主动就业,才能充分就业。

2. 树立"先就业、后择业"的观念

先就业可以让大学生在工作实践中增加才干,提高能力,再次择业时将处于更有利的地位。先就业后择业不仅能够缓解大学生就业压力,而且能够让大学生毕业有去处、生活有来源、发展有机会,为大学生立足社会和寻求发展奠定了经济基础。

3. 树立自主创业的观念

目前,党和国家通过了一系列政策,引导与支持大学生自主创业,高等学校也重视对学生创业教育实效的培养,使当代大学生创业意识和创业精神得到了提高,创业的热情和动力在不断迸发,有效减轻了社会的就业压力。

（三）树立自信心

自信是成功的源泉,只有自信,才有可能将潜在的实力发挥出来。大学生要想树立起自信心,可以从以下几个方面着手。

第一,要提高自己的能力水平,积蓄自信的资本,这是树立自信的最根本途径。对于大学生来说,只有搞好学业,发展特长,全面提高自己的综合素质,面对招聘者才可能信心十足。

第二,要多想想自己的优点、优势和特长,要相信自己的能力。认识到别人也不一定什么都好,自己也不是事事不如人。了解了这一点也就不会有畏惧感了。

第三节　大学生就业材料的准备

一、就业材料准备的作用

准备就业材料具有重要作用,概括来说主要包括以下几方面(表 6-3)。

表 6-3　准备就业材料的作用

作用	具体内容
有利于用人单位做出取舍	大学毕业生的就业材料是用人单位认识、考查求职者并做出取舍的重要参考,它能够全面反映求职者的专业知识、能力特长以及学习与实践成果等基本情况
有利于大学毕业生争取面试机会	用人单位通过大学毕业生的求职就业资料,不仅可以了解大学毕业生的基本情况,而且也可以对其特长、爱好等也有一定的了解,从而给适合某些职位的大学毕业生面试的机会
有利于大学毕业生做出明智的择业取向	大学毕业生在准备自己的就业材料的过程中,逐渐了解了自己的实际情况,明确了自己的专长和爱好,能够对自身的情况做出全面的分析与评价,把职业的要求和自己的个性特征、实际才能结合起来,理性思考,做出明智的择业取向

二、就业材料的构成

就业材料通常包括封面、毕业生推荐表、求职信、个人简历、在校期间学习成绩单及其他辅助材料(图 6-1)。

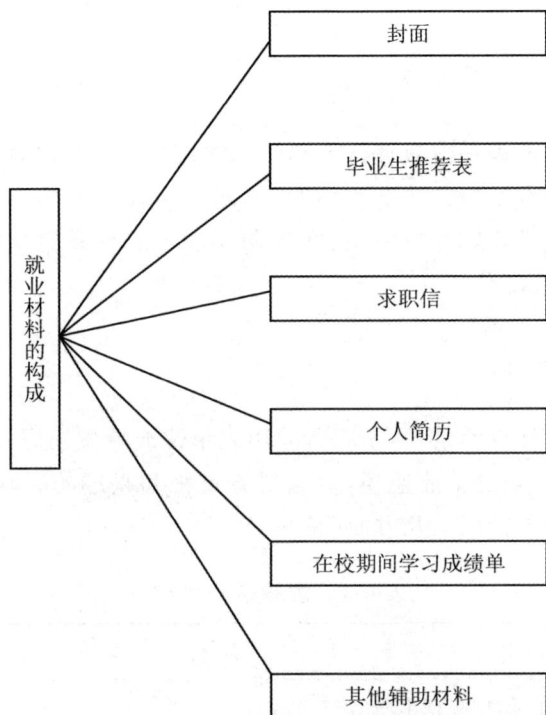

```
                              ┌──────────────────┐
                         ┌────│       封面        │
                         │    └──────────────────┘
                         │
                         │    ┌──────────────────┐
                         ├────│    毕业生推荐表    │
                         │    └──────────────────┘
  ┌──────┐               │
  │ 就   │               │    ┌──────────────────┐
  │ 业   │               ├────│      求职信       │
  │ 材   │               │    └──────────────────┘
  │ 料   │───────────────┤
  │ 的   │               │    ┌──────────────────┐
  │ 构   │               ├────│     个人简历      │
  │ 成   │               │    └──────────────────┘
  └──────┘               │
                         │    ┌──────────────────┐
                         ├────│  在校期间学习成绩单 │
                         │    └──────────────────┘
                         │
                         │    ┌──────────────────┐
                         └────│    其他辅助材料    │
                              └──────────────────┘
```

图 6-1　就业材料的构成

(一)封面

设计出一份具有个人特色的简历封面,会格外引人注目。

1. 内容简洁明了

封面内容要简单明了,一般要包括大学生的基本情况,如学校名称、专业名称、学历、姓名、性别、联系方式、地址。应突出重要信息,如自己的学校非常著名,那就可以在显要的位置写上自己学校的校名,或者放上学校的校徽等。

2. 适度包装

为了让自己在众多的求职毕业生中脱颖而出,吸引招聘单位的注意力,加大自己的求职砝码,近年来一些毕业生在制作求职材料时出奇、出新,以吸引招聘单位的青睐。需要注意的是,封面的设计可以丰富多彩,但其基本原则是美观、大方、醒目、整洁。

(二)毕业生推荐表

毕业生推荐表是由教育行政部门或学校统一印制的,由学校毕业生就业指导中心发给每位毕业生填写,并附有学校意见的书面推荐表格。一般包括本人及家庭基本情况、在校期间学习成绩和奖惩情况、自我鉴定、组织意见等部分。

(三)求职信

求职信也称自荐信,是求职者向用人单位或单位领导人介绍自己的实际才能、表达自己就业愿望,引起对方重视和兴趣的一种书信。求职信的内容主要包括以下几方面(表 6-4)。

表 6-4　求职信的内容

求职信的内容	具体阐述
标题	通常只有"求职信"三个字
称呼	求职信的称呼要比一般书信的称谓正规,称呼要随用人单位不同而变通。对于不甚明确的单位,可写成"尊敬的领导"等;对于明确了用人单位负责人的,可以写出负责人的职务、职称。称呼可以表现出你对用人单位的初步了解。称呼写在第一行,顶格书写,之后用冒号,另起一行,写上问候语"您好"
引言	引言包括姓名、就读学校、专业名称、何时毕业等基本情况。引言的主要作用是尽量引起对方的兴趣看完材料,并自然进入主体部分,开头要引人瞩目,说明应聘缘由和目的
主体	主体部分是自荐信的重点,简明扼要并有针对性的概述自己,突出自己的特点,并努力使自己的描述与所聘职位要求一致,切勿夸大其词或不着边际

续表

求职信的内容	具体阐述
客套话	在客套话部分中,应对应聘单位进行适当的赞誉,进一步表明自己想在此单位工作的迫切愿望,写出自己对用人单位情况的了解,谈及该单位的名声、管理宗旨、工作业绩或任何其他使他们感到骄傲的东西,以表达你对他们公司有所了解,再次表明自己应聘的原因
结尾	信的结尾首先应对用人单位花时间读你的信表示感谢,并再次表明自己的决心;要明确表达出希望对方给予答复,并盼望能有机会参加面试的强烈愿望;要留下你的电话、E-mail等联系方式,最后以积极肯定的语气结束自荐信。同时,要写上简短的表示祝福的话语,如"此致""敬礼""工作顺利"等
落款	落款包括署名和日期。署名应写在结尾祝词的下一行的右后方。日期(年、月、日)应写在名字下面。若有附件,可在信的左下角注明,如"附1:个人简历""附2:成绩单"等

（四）个人简历

简历,就是反应求职者个人的简要经历,也可以说是一个人生活、学习、工作经历与成绩的概括总结,它提供给阅读者的信息应该是全面而直接的,用人单位从求职者的简历中,能够看出他的业绩、能力、性格、经验方面的综合表现,是用人单位对求职者进行分析、比较、筛选,最终决定录用的主要依据。个人简历表一般由以下几部分组成(表6-5)。

表6-5 个人简历的构成

个人简历的构成	具体阐述
标题	一般为"简历""个人简历"或"求职简历"
个人基本信息	主要包括姓名、性别、出生年月、民族、政治面貌、家庭住址、邮政编码、联系方式、电子信箱等有关信息
求职意向	表达自己愿意从事的职业和可以胜任的工作

续表

个人简历的构成	具体阐述
教育背景	按时间顺序列明大学期间的主要课程、研究项目、个人进修或培训的单位、专业和时间
实习工作经历	适当介绍单位情况,按时间顺序列出单位的部门和科室,简述工作期间的工作职务、职责及离任时间,应该突出取得的成绩和收获,从工作中学到的技能和素质等
社会实践和课外活动	这是简历的主体部分、核心。近年来,越来越多的用人单位希望招聘到具备一定应变能力、能够从事各种不同性质工作的大学生。学生干部和具备一定实际工作能力、管理能力的毕业生颇受用人单位的青睐
所获荣誉	在××学年获得××级别的奖学金、三好学生、优秀学生、优秀学生干部等;如果能把获奖难度以数字或获奖范围来表示,可以突出奖项的含金量。对于大量性质、级别类似的奖励,可以分门别类地描述
其他个人兴趣爱好	个人兴趣爱好要具体,不能只写"音乐、读书、运动"等概括性的词汇。最好写能够体现你的某种素质和能力的兴趣爱好,如球类运动能体现团队协作精神;棋类运动能体现思维缜密、逻辑性强,具有战略意识;演讲和辩论能反映人的沟通沟通和表达能力
求职照片	照片是一种无声的语言,他会给观赏者以直观、形象的影响,从而产生联想、加深印象。求职照片的主题是求职者本人,主要展示本人个性化的真实一面,一般用近期正规的半身免冠照即可
求职目标或意向	求职者根据用人单位的招聘信息,说明自己主要应聘什么职位,一般写上1～2个,而且这两个求职的目标不要相差太远。当你不知道用人单位的职务空缺情况时,就只能根据自己的专业特长、兴趣爱好表明求职意向。对求职的表述应力求简要清楚
自我评价	在简历的结尾留出一格,用100～200字写一份个人鉴定

（五）在校期间学习成绩单

成绩单是从所在学校或系、部的教学秘书处打印出成绩单，然后加盖学校或系、部公章。对于一些用人单位来说，学习成绩还是他们招聘大学生比较看重的一个方面。因此，提供一份详细的成绩单是很有必要的。

（六）其他辅助材料

为了加深用人单位对求职者的了解，根据不同要求，在参加面试前还要进一步准备其他的材料，主要包括各种获奖证书、公开发表的文章、科研成果、设计作品等方面的材料。

三、就业材料装订的注意事项

大学生在装订自己的就业材料时，要特别注意以下几个方面。

第一，就业材料中所有纸张大小应该一致。

第二，就业材料中所有纸张应该整洁、干净。

第三，就业材料的封面及所有材料切忌歪斜。

第四，就业材料中字体应该一致，排版时行间距应该一致。

第五，就业材料在装入透明文件夹时切忌损坏，否则会影响就业材料的美观。

第六，切忌用松动的透明文件夹，以免就业材料脱落，造成散页、掉页。

第四节 大学生就业能力的准备

一、大学生应具有的能力

大学生应具有的能力主要包括以下几方面（表6-6）。

表 6-6　大学生应具有的能力

大学生应具有的能力	具体阐述
良好的适应能力	在人的一生中，个体的内外环境都在不断发生变化，有时变化很大，而且这往往是人力所无法控制的，所以在人的一生中被动的适应和主动的适应都是必要的和不可避免的。环境改变，人人都会有些紧张，有的人能随遇而安很快适应，有的人则很久无法适应，甚至焦虑不安心悸失眠，出现各类精神症状和躯体症状，表现出很差的适应能力。因此，对变动着的环境能够很好地适应，是心理健康的重要标志
良好的创新能力	大学生要想具备良好的创新能力，就必须首先要具有良好的创新思维。创新思维是能摆脱成见、构筑新意、在认识上产生新的突破的思维，它是抽象逻辑思维与具体形象思维的统一、分析思维与直觉思维的统一、顺向思维与逆向思维的统一、智力与非智力因素的统一，发散思维与聚合思维的统一。思维活动怠惰，就不可能有创新
与他人团结协作的能力	合作精神是中华民族处理人际交往关系的重要伦理准则，是维护国家统一和社会稳定的精神力量。当今时代，竞争已经成为一种新的道德品质。然而，竞争与合作是共生共存的。合作精神也是当代大学生在处理交往关系时应当具备的道德品质。不能为了团结合作就放弃正当的竞争，同样，也不能因为竞争而破坏团结与合作的人际关系
审美能力	高等学校学生不但要爱美、懂美、会美，还必须在审美过程中，不断提高自己的审美能力。第一，要掌握必要的审美知识；第二，要树立正确的审美观；第三，要积极参加审美的实践活动

二、大学生就业能力准备的途径

对于大学生来说，较强就业能力可以通过以下途径获得（表 6-7）。

表 6-7 大学生就业能力准备的途径

途径	具体内容
积累知识	大学生在校期间，一定要注意拓宽自己的知识面，勤奋学习，需要说明的是，才能并不是知识的简单堆积，而是知识的结晶。这里的结晶包含着对知识的提炼、改造和制作，包含着质的变化。要做到这一步，除掌握知识外，还需要有科学的思想方法和熟练的技能技巧
发展兴趣	兴趣对培养能力相当重要。杨振宁博士在总结科学家的成功之路时说成功的秘诀是兴趣。因此求职者要围绕所学专业发展自己的兴趣爱好，并以这些兴趣为契机，加强相关知识的学习和积累，注意发展自己的优势能力
加强思想道德素质的培养	用人单位在选用人才时，将个人的业务能力和道德水准放在同等重要的位置，有时对道德素质的要求甚至高于对业务能力的要求。因此，大学生要注重自身思想道德水平的提高，要学会做人的基本原则，讲究人品，讲究诚信，增强自己对社会、对国家、对单位、对他人的责任感，在追求个人利益和自我价值的同时，做出对国家、社会、人民应有的贡献
勤于实践	能力是在实践过程中培养形成并在实践过程中表现出来的，因此实践是培养能力的重要途径。像大学生搞义务家教、当清洁保洁员、参加社区服务等，这些活动不仅陶冶了大学生们的情操，同时也促进了他们各方面能力的提高

第七章　掌握技巧：大学生就业技巧研究

在大学生就业的过程中，往往有一些素质不错的毕业生，由于缺乏一些必要的求职技巧，和理想的职业岗位失之交臂。由此可见，掌握求职的基本规律和基本的方法与技巧，对于大学生在激烈的就业竞争中顺利走上工作岗位具有巨大作用。

第一节　大学生笔试的技巧

一、笔试的概念

笔试主要是指用人单位以书面形式，考查求职者是否具备招聘岗位所需知识和技能，是用人单位对求职者专业基础知识、文字表达及书写等综合能力进行有据可查的测试。

图 7-1　笔试

二、笔试的种类

根据考核内容和方向的不同,可以将笔试分为以下几大类(图 7-2)。

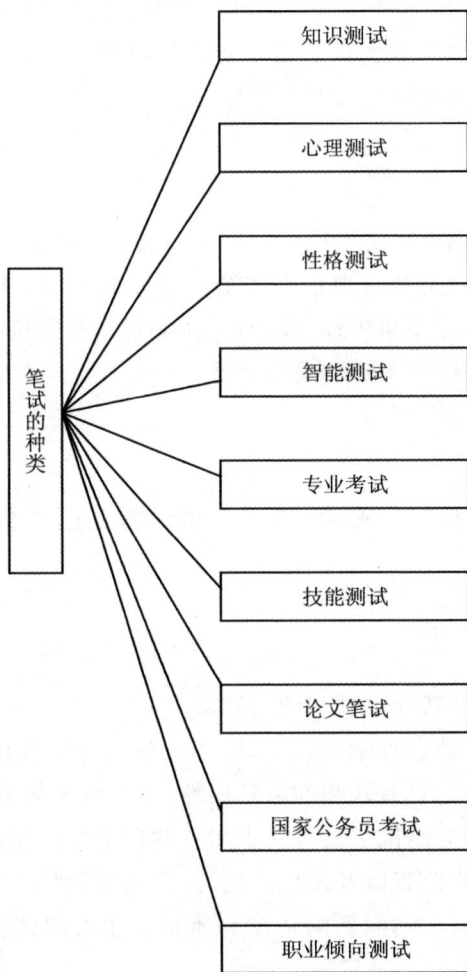

| 知识测试 |
| 心理测试 |
| 性格测试 |
| 智能测试 |
| 专业考试 |
| 技能测试 |
| 论文笔试 |
| 国家公务员考试 |
| 职业倾向测试 |

图 7-2　笔试的种类

（一）知识测试

知识测试是指由用人单位给出范围或特定要求,让应聘者通过作文来考查其知识、思维、文字表达能力的一种笔试。根据考察内容,知识测试可以分为专业知识测试和一般基础知识测试。

专业知识测试主要涉及关于工作需要的技术性问题,专业性比较强,如对应聘者的法律知识测试、动手能力测试、外语水平测试等。

一般基础知识测试要求应试者文学、历史、地理、政治、经济、法律、哲学、数学、物理、化学、生物、自然科学等方面的基础知识都应该具备。一般基础知识测试的考察重点是求职者知识的广度而不是深度。所出题目本身相互之间可能并没有内在联系。

（二）心理测试

心理测试是用事先编制好的标准化问卷要求被试者完成,根据完成的数量和质量来判定其心理水平或个性差异的方法。国外一些重要职务的考试录用,招考小组中往往聘有一位心理学专家负责对应试者进行心理方面的测试。

（三）性格测试

针对求职者的性格差异,用人单位通常通过性格测试进行人员配置。

（四）智能测试

智能测试包括智商测试和能力测试。

智商测试:多数心理学家认为,智力虽然经过后天的学习和实践后有所提高,但它仍然具有较强的自然属性,遗传因素起主要的决定作用。

能力测试:能力测试主要考核求职者的理论知识同具体实践相结合的能力,人生观、价值观以及发现问题、分析问题、解决问题等综合能力。它能检验个人处理实际问题的速度和质量。能力测试往往通过模拟工作测试来实施。

（五）专业考试

这种考试主要是检验应聘者担任某一职务时是否能达到所要求的专业知识水平和相关的实际能力。

（六）技能测试

技能主要包括毕业生熟练操作和使用计算机、英语会话和阅读能力，以及在财会、法律、驾驶等方面的能力。

（七）论文笔试

论文笔试是指用人单位为了考查应聘者的文字表达能力、分析、综合、比较、归纳问题的思维能力，采用论述题或自由应答型题的形式进行的一种笔试。

（八）国家公务员考试

国家机关公务员的录用考试是对个人能力的全面考核，国家机关录用公务员，一律经考试录用。其录用考试包括行政能力和公文写作两部分。

（九）职业倾向测试

职业能力倾向测试可以有效地测量人的某种潜能，从而预测人在一定职业领域中成功的可能性，或者筛除在该职业活动领域中没有成功可能的个体。

三、笔试前的准备

（一）笔试前的身心准备

第一，笔试的前一天要注意休息，避免考试时精神不振，影响正常思维。

第二，要适当减轻思想负担，不可给自己施加过大的压力，否则适得其反。

第三，适当参加文体活动，从而使大脑得以放松，以充沛的精力去参加考试。

（二）笔试前的知识准备

1. 学以致用,理论联系实际

现在的求职考试越来越强调用学过的知识来解决实际问题,通过各种实践,把所学得的知识运用到实际中工作去解决各种具体的问题。

2. 提纲挈领,系统掌握

在着手应聘复习时,应首先打破各学科的界限,认真梳理各科要点,整理成一个条理化、具体化的知识系统和总纲目,最后按照这个总纲目有计划、有步骤地进行复习。

3. 正确理解,提高语言转换能力

应聘笔试中一个极其重要的考试,是将你阅读理解了的东西用自己的话把它们表达出来,这在阅读考题中叫"语言的转化"。这种转化有三种形式。

第一,把题中比较抽象、概括的话做出具体的解释。
第二,把考题中的具体阐述恰当地加以概括。
第三,把考题中比较含蓄的语言加以明了和正确的阐述。

4. 敏锐思考,提高快速答题能力

为了适应招聘考试中的题量,还应该尽快培养自己快速阅读、快速思维和快速答题的能力。在准备笔试的时候一定要提高答题速度。

5. 多读多练,提高阅读能力

复习时经常做些阅读训练,有助于阅读能力的提高,要做到"眼到"和"心到",特别是心到,即对每个问题都仔细揣摩,认真思考,分析比较,多问几个为什么,这样才不至于白练。

四、笔试的原则

（一）保持卷面整洁

卷面必须做到字迹端正,整洁。因为招聘单位往往会从卷面上联想应聘者的思想、品质、作风。字迹潦草、卷面不整洁的人，招聘单位先不看你答的内容，单从你的卷面就觉得你不可靠；而那些字迹端正，答题一丝不苟的人，招聘单位会认为你态度认真，作风细致，对你更加青睐。

（二）先易后难，先简后繁

笔试题型很多，内容也多，又要限时答好，必须合理地安排答题时间。拿到考卷，应以最快的速度将试卷扫视一遍，先要看清注意事项、答题要求，然后从头到尾大略看一下试题，了解题目类型、难易程度；再根据先易后难，先简后繁的原则确定答题步骤。

（三）积极思考，回忆联想

有些试题的设计，从理论和实践两方面检查考生的基础知识和技能，并以综合运用为主，检验考生的实际水平和学习的灵活性。因此，有的试题是具有一定难度的。考试时要积极思考，努力回忆学过的知识，并进行联想，将已学过的有关内容相互联系起来比较分析，找出正确答案。

（四）精心审题，字迹清楚

在具体答题时，必须认真审题，切实弄清题目要求，逐字逐句分析题意，按要求进行回答。书写时，力求做到字迹清楚，卷面整洁。格式、标点正确，不写错别字。

（五）不留空白

笔试时一定要尽可能填满试卷，不留空白。所谓不留空白，是指无论是对主观性试题还是对客观性试题都要回答，即使没有把握答对也要答，特别是像选择题或判断题之类的题型，更不能随意空白。不答就没有分，答错了也不倒扣分，而答对了或对主观性试题答对了一部分都会有分。

（六）控制时间

笔试题目类型多，题量大，要在规定的时间内答好，必须学会控制时间。建议笔试时一定要带上手表或时钟等计时工具，作答前记住考试结束的时间；拿到试卷后先从头到尾浏览一遍，大体了解题目的难易程度、每道题的分值，以此安排每道题的答题时间分配和先后顺序，按照先易后难、先简后繁的原则作答，不要在一道分值不多、难度不小的题目上纠缠过多，即便做对了也是得不偿失。最后有时间的话最好做一下检查，特别注意不要漏题，更不能跑题或出现错别字、语法不通、言不达意等错误。

（七）综合展示

笔试不仅考察求职者的文化、专业知识，往往还会考核其心理素质、工作态度、办事效率、思维方法、修辞水平等。所以，求职者在回答一些客观问题时应该仔细和严谨，而对主观性问题，就应该展开和发挥，以充分地展示自己的个性和创造性。

五、笔试时回答不同题型的技巧

（一）选择题的答题技巧

选择题包括单选题、多选题和双选题，一般由一个题干、一个或几个正确答案以及一个或几个错误答案构成。题干文字精练、准确，并且表述没有歧义，而所给出的正确答案与错误答案之间具有一定的相似性，不容易区分。做选择题不仅要具备较强的判断分析力，还要掌握一定的技巧。

第一，分析题干的内涵与外延规定性，确定选择的范围与对象。

第二，当不确定答案时，采取淘汰法、比较法、去同存异法、印象认定法、大胆猜测法等方法，提高准确率。

第三，选择的结果要明确，不要模棱两可。

（二）填空题的答题技巧

填空题的作用主要在于测试考生对于知识掌握的准确程度和熟练程度以及理解能力。填空题考查的内容往往是易忘、易混、易错的重点内容,答案一般是唯一的。答题时需看清题目要求,是填写数字、词还是句子。碰上连续设空的填空题时,应试者应更加仔细。填空题的解答技巧包括以下几方面。

第一,熟记基本事实、数据、公式、原理、基本概念。

第二,利用前后逻辑关系推理作答。

第三,解答时要仔细阅读题目,特别注意要点、易混淆点。

第四,填空题的结果必须是数值准确,形式规范,表达式最简。

同时,在解答时要仔细阅读题目,弄清题意,切忌粗心大意。必须先明确空白处应填写的内容与试题叙述的内容之间的关系,才可填写答案。

（三）判断题的答题技巧

判断题的命题通常是一些比较重要的或有意义的概念、事实、原理或结论。由于只有"正确"和"错误"两种选择,因此猜对概率高达50%。判断题的解答技巧包括以下几方面。

第一,书写认真仔细,绝不能因漫不经心、粗心大意在本来想打"√"的地方打成了"×",或者在打"×"的地方打成"√"而失分。

第二,看清题目说明,如果答错了要倒扣分的,对于把握性不大的题目最好留空。

第三,注意"负负得正"的表述方式,不要被误导。

第四,对不能作出准确判断的试题,也应在作答处大胆画上一个对或错的符号,但对倒扣分的题目还必须经过慎重考虑再作决定。

（四）论述题的答题技巧

论述题是通过向考生提出一些问题,来测试考生的综合分析与文字表达能力,以及思维创造能力等,所占的分数比重较大,往往能够使学生之间的成绩拉开差距。论述题的解答技巧包括以下几方面。

第一,确立论点。论点是论文结构的支柱,就其内容来说,它实际上是对中心议题的分解,目的是对这一议题更深入、全面地阐述。

第二,确立中心议题。明确试题的主旨是解答论述题的首要环节,也是整个解答过程最为关键的一步。求职者应使全文的论述紧紧围绕中心议题而展开。

第三，选择论据。论据是为说明论点服务的，没有论据的支撑，论点就难以成立和存在，论据的选择是论述题的一项重要内容。论据要有针对性和代表性。有时可通过正反两方面论据对照使用来增加说服力。

（五）材料解析题的答题技巧

材料解析题是一种综合性较强的题目类型，是运用某些原理分析、解决文字材料提出的问题。解答材料解析题时，考生必须紧扣案例事实来选择原理或理论，要抓住材料中的实质问题，有重点、有层次地分别展开论述，以免被一些细枝末节的事情或现象所困扰。材料解析题的解答技巧包括以下几方面。

第一，扣紧案例，以点带面。

第二，理论结合实际，有理有据。

第三，考虑需要运用哪些理论知识或原理来进行分析。

第四，结论明确，切中"要害"，切忌面面俱到。

第五，考生在答题过程中必须摆正自己的位置，不能将自己置身于当事人的位置，而应以一个局外人的身份对此进行客观的分析或评价。

（六）作文题的答题技巧

作文题是经常被采用的笔试题型，可以对应试者的逻辑思维、创造性思维及书面表达等多方面能力进行测试。作文题的解答技巧包括以下几方面。

第一，选材精当，论证科学。

第二，论点新颖独特，构思独特。

第三，先弄清题意，以免写作中出现偏差或失误。

第二节　大学生面试的技巧

一、面试的概念

面试是求职中最为重要的一个环节，主要以交谈、观察为主要手段来充分了解求职者各个方面素质的一种考察方式。

图 7-3　面试

二、面试的种类

面试的种类主要包括以下几种(图 7-4)。

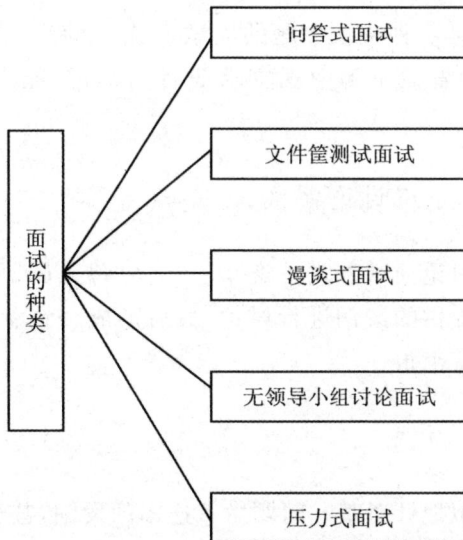

图 7-4　面试的种类

（一）问答式面试

"问答式面试"是最基本的一种面试形式，其可以分为单独面试、小组面试和合议制面试。单独面试是指一对一的面试，即一位主考官面试一位应聘人员；小组面试一般见于初次面试阶段，是一对多或多对多面试；合议制面试是多对一面试。

（二）文件筐测试面试

在文件筐测试面试中，求职者被置于特定职位或管理岗位的模拟环境中，被要求在一定时间内处理一大批杂乱、随机排列的文件。处理完后，求职者还要陈述自己这样处理的理由。文件筐测验主要考察求职者在管理方面的计划、组织协调、分析判断、决策、授权、团队管理、时间管理和文字表达等方面的能力，还可以测试应聘者对信息的收集利用能力、处理问题的条理性、灵活性程度以及人际敏感性等。

（三）漫谈式面试

漫谈式面试是一种毫无主题的面试方式，没有一个中心话题。但是，考官会在这种看似闲聊中观察求职者的知识、能力等，因此，听者要"有心"。

（四）无领导小组讨论面试

无领导小组讨论面试方式是将6～8名应聘人员划分为一个小组，小组被要求根据提供的案例进行讨论，最后形成一致意见，并以书面或口头形式向面试官汇报。

（五）压力式面试

面试官有意识地针对某一问题做一连串的发问，甚至让求职者无法回答。主要目的是考察应聘者面对挑战时的反应，并以此来判断求职者的机智程度和应变能力。

三、面试前的准备

（一）了解对方

为了使面试取得预期满意的效果，求职者首先要对用人单位的工作性质、业务范围以及发展态势等做充分了解，尤其是对用人单位招聘的工作岗位是否适合自己要做到心中有数。

（二）认识自己

通过跟家人和熟悉自己的老师、亲友交谈，征询他们的意见，促进自我了解，从而做好自我介绍。

（三）面试资料准备

第一，要带记录本和笔，以备急需。

第二，要准备一个大小合适的公文包或书包。

第三，要把简历、证书、奖状、证明材料、推荐表和成绩单等的原件、复印件、照片准备好，按顺序排好、装订，整齐有序地放在书包或文件夹中。

（四）面试心理准备

1. 树立求职面试的自信心

从学校生活到参加工作，这是人生的又一转折点。所以大学生在参加面试时要克服畏惧心理，增强自信心。要看到自己的长处和优势，消除自卑感，以挑战者的姿态去迎接求职面试。

2. 思想上充分重视

对于大学生来说，参加面试，尤其是第一次参加面试，其经验至关重要，一定要在思想上重视起来，不要抱着试一试、结果无所谓的态度。

3. 端正求职心态

尽管机会均等，但实际上机会是偏爱具有竞争心理、有表现意识的人的。应试者要走出心理误区。毕业于名牌大学、热门专业、有才气、有能力的应试者往往会因此而过于自负，缺乏对面试的重视和对招聘考官应有的尊重，甚至还把自身的优势和资本当作与对方讨价还价的筹码，这样的应聘者，即使再优秀也不会赢得考官的高分。

4. 增强面对挫折的心理承受能力

对大多数同学来说，求职不可能一帆风顺、一次成功，会遇到各种意想不到的挫折。因此，一定要有面对挫折的心理准备。要冷静地分析失利的原因，多从自身查找原因，增强面对挫折的心理承受能力，及时总结教训，适当调整求职目标，以迎接新的挑战。

四、面试的原则

（一）走向成功的自信原则

不管在什么条件下，应试者始终要向用人单位传递这样的信息：我拥有帮助用人单位实现预期目标的潜在能力，是单位的有利资产而非包袱。

（二）强烈的工作意愿原则

面试时，应试者要随时保持对工作的高度热忱与兴趣，适时地提出应聘某工作中应该注意的各种事宜，让用人单位明确知道你非常需要这份工作。

（三）诚恳原则

面试前充分准备，临场时充分表现自我，这些都是诚恳的最好表现。

（四）充分拓展合作能力的原则

面试时,应试者应举例说明在校期间开展的各种社团活动的组织、实施及获奖情况,因为这些内容牵涉进入用人单位后与主管、同事配合工作的问题。一个容易与人沟通、协调的应试者往往更能得到主考官的青睐。

五、面试时的注意事项

（一）耐心等待

到达面试地点后,要在门外等候,并保持安静且正确的坐、立姿势。千万不可因等候时间长而急躁失礼。

（二）遵守时间

参加面试应按约定的时间前往,最好提前 10 分钟抵达面试地点。如果迟到,一定要向对方如实说明原因,以求得谅解,给对方以信任感。

（三）敲门进入办公室

第一,进入面试室先轻轻敲门,等到室内传来"请进"声后才能进入。
第二,进入面试室,与主考官打招呼、接应握手。
第三,等对方说"请坐"之后,自己才能就座,并应说声"谢谢"。
第四,向主考官轻轻点头致意,等候询问的开始。
第五,面试结束时,微笑起立、道谢、告别。

（四）集中注意力

回答主试者的问题时,最好把目光集中在主试者的两眉之间,且眼神自然,以传达对别人的诚意和尊重。

（五）坐姿要端正

脚踏在本人的座位下,不可任意伸直腿、跷二郎腿,更不能不停地抖动。坐姿要笔直端正，切忌小动作。

（六）注意聆听

主考官讲话必须留心听讲，碰到不明白的问题，最理想的办法是请对方略做解释，这样既可以为自己赢得几分钟的思考时间，也可以表现出自己的认真。

（七）心态平和

面试过程中，应试者应保持平和的心态，避免一切较为激动的感情流露，要表现得友善、容易相处，保持诚恳的态度。

（八）适时发言

发言时语速不要太快，可以边说边想，给对方一种稳重可靠的感觉，面试回答问题，切忌只回答"是"或"不是"，一定要把自己的答话略做解释。

第三节　大学生求职礼仪

一、礼仪概说

礼仪是对礼节、仪式的统称，是指在人际交往中，自始至终地以一定的、约定俗成的程序、方式来表现的律己、敬人的完整行为，礼仪是一种形式美。

学习礼仪最切实可行的方法就是要抓住重点，遵循适度、尊重的原则。礼仪的重点，就是那些对交际活动具有普遍指导意义的各项主要原则，大致可以分为以下两大类。

第一，适用于整个交际活动的原则。

第二，适用于局部交际活动的原则。

对这两类礼仪的主要原则，要尽可能地加以掌握。只有这样，才能以点带面，掌握其精华。

尊重对方是讲究礼仪的根本原则，讲究礼仪就是让对方知道你对他的尊重；适度原则就在讲究礼仪的过程中要适可而止，再多的敬意也要让对方感觉舒服才恰到好处。

二、着装礼仪

（一）男生的着装礼仪

具体来说，男生求职时的着装礼仪主要包括以下几方面。

1. 西装

西装依照开扣方式可以分为单排扣西装和双排扣西装。

（1）双排西装的着装礼仪

对于双排扣西装，站立或行走时要把扣子都扣好，坐下时可以解开扣子，但起身时必须尽快把扣子扣好。

（2）单排西装的着装礼仪

第一，对于单排扣西装，如果是三粒扣款式，可以扣上一粒或中、上两粒扣子，不能扣下一粒扣子。

第二，穿单排两粒扣西服时，只能扣上一粒扣子。

另外，正式场合的西服颜色以深色为主，同时考虑穿着者的体型。正式西装中，长裤与上衣应是同样花色及材质，而半正式西装可以搭配不同的长裤，但颜色和材质最好还是与上衣色系相近或略深一些。

2. 衬衫

穿西装时，里面应当穿长袖衬衫。衬衫的颜色和花色要与西装搭配。穿深色西装时，里面宜选浅色衬衫，色系与上衣相近。

3. 领带

男生在正式场合穿西服必须打领带。穿着深色西装时，衬衫以浅色为主，而领带则以与西装同色系为佳。具体如何选择，要考虑场合和自己的特点。

4. 鞋子

一般来说，西服最好配搭黑色皮鞋，或者配搭与西服颜色一致的皮鞋。皮鞋的鞋面及边缘要保持干净，最好是光可鉴人的。

5. 袜子

袜子要以深色为主，应与裤子、皮鞋同类颜色或较深颜色。袜子不可有破洞，同时要清洁，袜头要松紧适宜，长度不宜太短。

6. 毛发

求职者应坚持"前发不覆额、侧发不掩耳、后发不触领"的原则，去应聘时要保持头发整洁，精心梳理。另外，个别男同学的胡子、鼻毛、耳毛等都很浓重，所以要记得每天清理。

（二）女生求职时的着装礼仪

1. 服饰

女大学生在求职面试时要选择得体大方的服饰，要注意以下几方面。

第一，不穿领口太低和过紧的衣裙，也不要选择过于薄透的面料。穿着裙装的时候，一般要穿袜子。

第二，女生在正式场合可以着裙装、女士西装或者旗袍，裙子的下摆不要高过膝盖。

第三，选择适合自己皮肤色调的服装，穿出自己的风格和特点，突出个人的气质及魅力。

第四，要选择纯毛、纯棉、纯麻、丝质等天然布料和高比例含毛、棉、麻的混纺面料，尽量避免使用纯化纤面料。

第五，应选择中高跟皮鞋，会显得步履坚定从容，让人感到职业女性干练而稳重的气质。

第六，搭配饰品要讲求少而精，才能真正起到画龙点睛之妙。

2. 毛发

发型发饰要符合美观、大方、干净、整齐和有利于工作的原则，同时要与脸型、身材、年龄、气质、季节及环境等因素结合起来。另外，女同学应该每周定期剃除腋毛，尤其是夏天着装较少的时候，避免因其使个人形象减分。

3. 妆容

妆的总原则是淡雅、自然，越接近自然越好，切忌浓妆艳抹。具体来说应做到以下几方面。

第一，粉底宜尽量少用。薄而透明的粉底可以营造出健康的肤色，在打粉底时也不要忘了脖颈处。

第二，腮红务求自然。腮红以能够与肤色搭配融合为原则，目的是呈现出健康红润的面容。

第三，用棕色眉笔调整眉形，描眉应在修眉的基础上进行，描出的眉形应符合自己的年龄、脸形。

第四，用睫毛膏让眼睛更加有神，施眼影强化面部的立体感。

第五，唇部的妆容应改变不理想的唇形，增加整个面部的神采，浅色口红可以增加自然美感。

第六，选用气味淡雅清新的植物型香水，喷洒在手腕、耳后、臂肘、腿弯处，避免体味。

4. 手臂

第一，注意保持手臂的洁净，注意经常清洗手臂，要真正做到无泥垢、无污痕。

第二，手臂的装饰应注意本着朴素、庄重的原则，不应以艳丽、怪诞示人。

第三，对指甲应做到"三天一修剪、每天一检查"，尽量不要在指甲上涂抹彩色指甲油，或做美甲，可以使用无色指甲油。

三、行为礼仪

（一）准时赴约

面试前要对面试的时间、地点了然于胸，并比约定的时间提前到达，这样做有两方面的好处。

第一,表示你的诚意和对对方的尊重。

第二,可以稳定情绪,稍做准备。

(二)尊重接待人员

对每一位招聘者,不论是领导还是一般员工,也不论是地位高的老员工,还是地位低的年轻员工,都应做到端庄而不冷漠,谦逊而不造作。

(三)讲究秩序

无论在面试现场的门内还是门外,都不能争先恐后,那会显得慌乱、霸道、缺乏教养,也容易给旁边的便装观察者留下不好的印象。

(四)适时告辞

面试结束时要表示感谢并有礼貌地告辞。假如面试官当场表态可以接收你,要向对方表示感谢,并表达自己努力工作的决心;如果面试官没有表态接收你或表示不能接受,也不要失态,要表示理解对方,以显示大度。

(五)离座

在离座时,求职者动作要缓慢,避免带下椅垫、带倒座椅等;起身站定后方可离去;最好从左侧离开,“左出”也是一种礼节。

(六)文雅出门

面试结束,同样要和大家行注目礼,可表示“谢谢你们给了我机会”,然后说“再见”,起身离去。关门动作同样要轻。万一被风吹或者失手关重了,切记及时回头解释,避免别人认为你心怀不满、修养欠佳。

第八章　权益保护:大学生的就业权益及就业陷阱的防范

　　大学生是国家宝贵的人力资源,更是民族的希望、祖国的未来。做好大学生就业工作,关系到建设人力资源强国战略的实施,关系到高等教育的持续健康发展,关系到大学生和老百姓的切身利益。对于刚刚毕业即将步入社会的大学生来说,缺乏社会经验,自我保护意识不强,加上人才市场用人单位良莠不齐,他们往往面临一些就业歧视和就业陷阱,自身权益容易受到侵害。在求职择业过程中如何正确行使自己的权利并承担相应的义务,如何识别就业陷阱、规避求职风险,如何在发生争议时维护自己的权益,是每个大学毕业生都极为关注的问题。

第一节　大学生的就业权益

一、大学生就业权益的具体内容

　　大学生就业权益就是毕业生在择业过程中和入职后依法享有的相关权益,其具体内容包括以下几方面(表8-1)。

表 8-1　大学生就业权益的具体内容

大学生就业权益的内容	具体阐述
在国家政策规定范围内自主择业的权利	毕业生只要完成学业、成为一名合格的毕业生,便可以自主地选择用人单位,任何单位或个人都不得干涉其择业行为或强迫毕业生选择某个或某类用人单位,否则即侵犯了毕业生自主择业的权利。同时,毕业生自主择业权是有前提的,即不能违背国家的方针政策和学校有关就业政策规定
接受就业指导的权利	毕业生有权接受学校、就业服务机构等提供的就业指导和服务,学校应成立专门机构,由专门人员对毕业生进行就业指导,包括向毕业生宣传国家关于毕业生就业的有关方针、政策,对毕业生进行就业观、成才观、职业价值观、择业心态、择业方法、择业技巧的指导,做好政策咨询和就业心理辅导工作
获取就业信息的权利	就业信息是毕业生择业成功的前提和关键,毕业生有权利从学校毕业生就业指导部门或通过其他正常渠道获取及时、有效、准确的需求信息
了解用人单位基本情况的权利	选择职业、确定用人单位关系到毕业生未来的工作、生活状况和事业发展。在双向选择的过程中,毕业生有权利对用人单位的情况、工作安排和工资福利待遇等情况进行全面了解
自荐、被推荐和参与竞争的权利	自荐和被推荐是毕业生在就业过程中享有的最基本的权利,毕业生有权公平公开参与择业竞争
平等自愿签订就业协议的权利	毕业生与用人单位通过双向选择、协商一致达成就业意向,在平等自愿的基础上签订就业协议书,不允许附带不平等条款,更不允许采取强迫等方式要求毕业生签订就业协议书

续表

大学生就业权益的内容	具体阐述
对已签订的协议有违约的权利	毕业生与用人单位签订就业协议后，因特殊原因不能到单位工作或不能完全履行协议，可以提出违约，但必须及时与用人单位沟通协商以征得用人单位理解和同意，并按照协议约定或其他有关规定承担违约责任
有追究用人单位违约责任的权利	就业协议明确了签约各方的权利和义务，具有一定的法律约束力，任何一方不得擅自毁约。如果用人单位无故解约或不按照协议内容履约，大学毕业生有追究用人单位违约责任的权利

二、大学毕业生就业权益受到侵害的常见表现

（一）用人单位在招聘和面试中对大学毕业生就业权益的常见侵害

1. 虚假的招聘广告

有些用人单位为了招到素质较高的毕业生，往往会发布虚假的招聘广告，夸大或隐瞒自己的一些情况。所以，毕业生对一家工作单位特别有意向，一定要全方位地了解用人单位的相关情况。

2. 侵害应聘学生的知情权

面试时用人单位提出各种问题了解学生的情况，而当学生询问企业情况的时候，企业就会回避问题甚至迁怒于学生，这样"双向选择"就成了"单项通道"，这导致很多大学毕业生因信息不准很难做出正确的选择。

此外，还有各种歧视行为，如性别歧视、学历歧视、经验歧视、形象歧视、年龄歧视、身高歧视、地域歧视等。

（二）侵犯学生的试用期权益

第一，把"试用期"变成了"剥削期"。有的用人单位抓住"试用期"的"试用"二字做文章，支付超低工资，甚至不支付工资，从而构成对大学生基本权益的侵害。

第二，试用期过长。试用期是用人单位和劳动者为相互考察、了解对方当事人而约定的期限。《中华人民共和国劳动法》规定了试用期的大原则，即试用期不能超过 6 个月。如果试用期过长，则是侵犯学生权益的行为。

第三，"只试用，不录用"的恶意侵权行为。这是一些用人单位辞退大学生的惯用套话。因为《中华人民共和国劳动法》规定"在试用期内被证明不符合录用条件的，用人单位可以解除劳动合同"。所以，有些不良的用人单位在大学生试用期满之后，找出各种理由辞退大学毕业生，这也是钻了法律空子。对此，大学毕业生可以要求用人单位提供足够的证据证明自己不符合录用条件，并且要接受相应的职业培训。

（三）协议、合同签订阶段侵权行为

1. 无必备条款

一些企业提供的合同上规定劳动报酬"不低于本市最低工资"，这实际上等于没做任何规定，造成必备条款"劳动报酬"的缺失。有的单位顾及行业机密等原因略去不填劳动报酬，甚至填一个假数字；有的单位薪金本来就是浮动制，因此也回避填写；然而有的单位纯粹是为了吸引人，故意许诺高职、高薪，且不加任何约定，到时又以各种原因拒绝履行协议。

2. 违反协议或合同的违约金

有的用人单位以虚假招聘广告诱骗毕业生签订了协议书，但在协议书上规定了很高的违约金。

3. 合同文本中有违法条款

有些企业声明给予高工资,但是前提条件是不给职工上社会保险,这显然是违法的。还有些企业规定"女工3年内不得结婚",这也是违反《婚姻法》的。所以求职者签约前要对合同条款的内容进行认真审核。

(四)其他侵权行为

有些企业担心学生签订协议后反悔,便向其收取抵押金或扣留学生有效证件,这样的行为是不合法的行为。我国《劳动法》早已明确规定,用人单位不得以任何理由,向毕业生收取报名费、培训费、押金、保证金等,并以此作为是否录用的决定条件。大学毕业生应该熟悉相关的法律规定,以维护自己的合法权益。

三、大学生就业权益的保护途径

知法、守法、护法是对每一个公民的基本要求,大学毕业生在就业过程中,如发生个人合法权益受到侵犯,应勇敢地拿起法律武器来保护自己的权益。对自身权益的保护主要通过以下途径来实施(图8-1)。

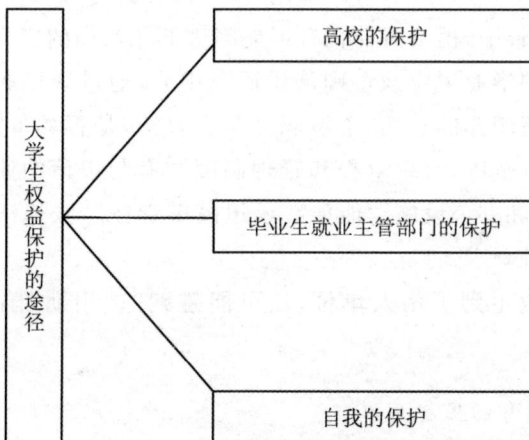

图 8-1 大学生权益保护的途径

（一）高校的保护

高校可以通过制定各项措施来规范毕业生就业指导和就业推荐，对于用人单位在录用毕业生过程中的不公平、不公正行为，学校有权予以抵制，以维护毕业生公平受录用权。

（二）毕业生就业主管部门的保护

毕业生就业主管部门可通过制定相应的规范来确定毕业生的权益，并对侵犯毕业生权益的行为以抵制或处理。

（三）自我的保护

1. 识别就业陷阱，规避求职风险

用人单位在招聘有关岗位人员时，正是通过招聘广告的形式，对所需人员提出了要求。同样，劳动者也通过对招聘广告的全面解读，了解用人单位的企业性质、招聘的岗位、人数及薪酬福利待遇等信息。招聘广告已经成为求职的首选渠道。所以，招聘广告有时也可以成为劳动争议中的有力证据。招聘广告可以证明自己与用人单位的雇佣关系，可以证明用人单位的录用标准，可以确定劳动合同的主要条款。

在招聘广告中，稍不留神就有可能陷进五花八门的广告陷阱中。对此，高等院校的毕业生应该正确认识职业中介，通过观察职介的设施设备等项目，认清职介的真伪，了解职介是否合法，是否具备"有规范的名称、明确的业务范围、组织章程和管理制度""有与申请的业务相适应的固定服务场所和办公设施""能独立承担民事责任""法律法规规定的其他条件"等条件。

此外，毕业生到了用人单位，还可能碰到"试用期"陷阱和"合同"陷阱。

2. 增强自身的保护意识

第一，毕业生应对国家有关毕业生就业的相关政策法律等有深入了解，这是大学生能够进行自我保护的前提。

第二，在用人单位接受大学毕业生的过程中，大学生也应该进行自我保护，对侵犯自己合法权益的行为坚决抵制。

第三，在自己的合法权益被侵犯时，大学生要学会运用法律武器保护自己。

3. 增强自身的证据意识

大学生一定要有证据意识，因为法律是靠证据来说话的，所以，大学生凡事要多留心，留好证据，以便将来在仲裁或诉讼时支持自己的观点。

4. 增强自身的诚信意识

大学毕业生在就业求职的过程中，无论是自荐、应聘、面试、笔试还是洽谈就业意向，都应本着诚实守信、平等优先的原则，以自身实力参与竞争。

5. 增强自身的维权意识

大学生在就业过程中其就业权益遭遇侵害的情况时有发生，大学生要不断增强维权意识，切实维护自己的合法就业权益。

（1）熟悉法律政策

大学生应熟悉法律政策中保护劳动者就业权益的相应规定，知道自己有哪些权益，维护就业权益的途径和方法有哪些，这是维护就业权益的前提。

（2）保持良好心态

在就业难的背景下，大学生求职时相对处在弱势地位，但是大学生应该保持良好的心态。保持一颗平常心，不要片面追求高薪而受骗；不迁就招聘单位的无理要求；敢于向招聘单位询问你所关心的重要信息。

（3）及时反映投诉

如果在应聘中遇到自身合法就业权益受到侵犯，要根据情况的严重程度，及时反映投诉。

第一，向学校反映情况，由学校老师给以帮助指导和协调。

第二，根据情况可以向用人单位上级主管部门申诉。

第三，要注意保存招聘单位或职业中介的侵权证据。

第二节　大学生就业陷阱的防范

　　目前,大学生就业市场仍存在不少就业陷阱和就业歧视现象,也已引起政府有关部门的高度重视,与此同时,为维护大学生求职者的合法就业权益,大学生还应努力增强自身素质,掌握识别就业陷阱的知识,加强自身防范意识,树立坚决反对就业歧视的观念。

一、就业陷阱的概念

　　就业陷阱是指求职者将要从事的工作内容,并不是招聘者在书面上或原先口头承诺的内容要件,或借工作机会的诱因及其他诱人条件,用骗术使求职者付出不属于原订劳动契约内容的额外财务支付,或违背其个人意愿而从事违背善良风俗的行为等一系列用人单位以招聘、就业为名义进行非法牟利的活动。

图 8-2　就业陷阱

二、大学生遭遇就业陷阱的原因

大学生遭遇就业陷阱的原因主要包括以下几方面(表 8-2)。

表 8-2　大学生遭遇就业陷阱的原因

原因	具体内容
个人原因	在就业的严峻压力之下,很多大学生求职心切、社会经验不足、对求职过于理想化,加上学生和企业之间的信息不对称,大学生又缺乏甄别的能力,因而往往容易掉进一些别有用心的企业和单位设置的就业陷阱
社会原因	近年来,大学扩招所带来的大学生就业压力凸显,大学生就业形势不容乐观。大学毕业生越来越多,可是社会可提供的职位有限,导致"供大于求",人才市场呈现"买方"之势,这也给一些不良企业和不良单位提供了可乘之机。这些企业和单位打着招聘的旗号,利用大学生求职心切的心理,设置种种就业陷阱,等待大学生钻进去,以谋取利润
企业原因	按照目前的法律规定,只要招聘企业能够提供正规的营业执照和企业代码,就可以在网络、报刊或招聘会等载体发布招聘信息。这就为那些动机不纯的企业提供了可乘之机

三、大学生常见的就业陷阱

大学生常见的就业陷阱主要包括以下几种。

（一）招聘广告陷阱

由于就业竞争日趋激烈,加上大学毕业生往往认为自身"底气"不足,容易导致就业心切、盲目相信虚假招聘广告。而个别用人单位往往就利用这一点,设置种种陷阱引诱毕业生上当。受害者们不但没有找到工作,还为此赔了许多冤枉钱。从现实情况来看,当前比较常见的招聘广告陷阱主要有以下几类。

1. 夸大头衔

一些公司明明招的是推销人员,却非要用"业务主管""部门经理"等来诱惑求职者;明明是打杂文员,却一律说成是"储备干部";明明做的是最底层的推销工作,可偏要说成是"做一回自己的老板"。

2."长期招聘""急聘"

某些不法用人单位在招聘广告上冠以"长期招聘""急聘"等字眼,目的是借助广告大量吸纳新鲜血液,使这些不法用人单位一直都有可以剥削的廉价劳动力。

3."高薪"招聘

招聘广告上常常铺天盖地的"高薪诚聘××",开出的薪金越高就越能吸引求职者的眼球。但是,等到求职者过五关斩六将接触到实质待遇问题时,职介或用人单位又玩起了数字游戏。有些单位甚至打出"保证年薪多少万以上"的承诺,这常出现在以业绩提成为主要收入的行业,而最后能否实现还需看求职者的工作表现及能力。

(二)高薪陷阱

对于一个刚毕业的大学生来说,高薪非常有吸引力。一般打着高薪招聘旗号的公司,从收简历、面试到笔试,整套程序看起来非常正规。但是,这种高薪一般固定工资部分很低,高薪主要来自业绩提成。

(三)岗位名称陷阱

招聘单位在招聘广告上把职位写成项目经理、总裁助理等,结果上岗后,应聘者发现其实只是业务员。

(四)试用期陷阱

因为试用期的工资、福利待遇和正式录用后差异较大,一些用人单位便通过无休止的"试用"来获得廉价的劳动力。用人单位利用试用期骗取廉价劳动力主要有两种形式:一种是试用期结束后,以各种理由告诉求职者,谎称其是不合格的,公司解聘也是无奈之举;另外一种就是无故延长试用期,期满后又继续延长一定时间,最终结果却仍是解聘。毕业生除了经济上的损失、精神上的挫折,还无端地失去了可能的就业时机和发展空间。

这类陷阱常常让毕业生非常无奈,用人单位对试用期限及待遇一般都只有口头承诺,而求职心切的毕业生也不敢提出签合同的要求,最后的结果可想而知。明明知道被骗了,即便诉诸法律也会因为没有证据而不能胜诉。所以,试用期被无故延长,超过了国家规定的期限,你就要警惕了。

（五）押金陷阱

一些公司可能规模不大,但开出一些诱人的条件,如在大城市工作,解决户口问题等。一段时间之后,公司又表示因工作岗位调整或者其他原因,导致承诺无法兑现。公司算准了学生不愿意服从,就以学生主动放弃为由,不予退还押金。

（六）网上简历陷阱

网上应聘已经逐渐成为大学生求职的主要形式。网上应聘使得大学生的个人信息很容易被公开,一些不法分子利用学生找工作心切的心理,招摇撞骗。

（七）程序员陷阱

一家公司以招聘程序员为名,给应聘的学生出了一些关于程序设计的考题。拿到考题的学生苦心钻研,几天后他们把自己的答案交给公司。大家都以为自己有希望,却一直没有得到公司的答复,就以为是别人的方案比自己的好。直到与其他应聘同学交流之后,才发现所有人都落选了。原来该公司要程序设计是真,是为了省钱,以招聘为名,让学生们免费设计,还可以优中选优,一箭双雕。

（八）工资陷阱

工资是一个很模糊的概念,包含的内容很多,如福利、保险、奖金等。

有的公司在招聘时说的工资很高，但是这些高工资中没有扣除保险、公积金等项目，在大学生入职之后，扣除这些项之后拿到手的工资已经非常少了。

(九)传销陷阱

传销是我国法律明令禁止的行为。常见手段如下。

第一，抓住毕业生急于找工作的心理，以高回报和"参与创业"为诱饵进行欺骗。

第二，人身自由受到限制，以上课、谈心、感情交流等方式进行思想控制。

第三，洗脑后，毕业生被传销组织提出的平等、互爱等虚拟的东西所迷惑，对传销暴富神话产生浓厚兴趣，急于想改变自身现状。

第四，以要好的同学、亲友为发展对象，诱使其参与非法传销活动。

第五，要求交纳高额传销费用，金额大都在 5000 元左右。

四、大学生就业陷阱的防范

想要从陷阱中解脱，作为内因的求职者起关键性作用。大学生要主动提高自我防范意识，学习如何规避就业陷阱。

图 8-3　传销陷阱

（一）识别就业陷阱

近年来，由于就业竞争日趋激烈，加上大学毕业生往往认为自身"底气"不足，容易导致就业心切、盲目相信虚假招聘广告。而非法职介机构和个别用人单位往往就利用这一点，设置种种陷阱引诱毕业生上当。受害者们不但没有找到工作，还为此赔了许多冤枉钱。因此大学毕业生应提高警惕，擦亮自己的眼睛，不要轻信虚假招聘广告、非法中介或个别用人单位的"花言巧语"。

（二）注意"三忌"

俗话讲，苍蝇不叮无缝的蛋。大学生在求职时，要注意"三忌"（表8-3）。

表8-3　注意"三忌"

"三忌"	具体内容
忌急心	面对竞争激烈的就业市场，大学生都想尽快找到合适自己的工作，以此来开创自己的美好未来。这样的心情是可以理解的。但是，凡事都要有个"度"。如果过于急切，反而会使自己走入盲目求职的误区，从而使落入就业陷阱的风险加大。大学生应尽量保持相对冷静的心态，要有客观冷静的主动意识。在求职过程中，当发觉自己的心理遇到障碍或压力过大的时候，可以向亲人、老师、职前教育专家或师兄师姐们寻求帮助
忌贪心	年薪几百万元的职位，想想就让人流口水，但是自己只不过是初出茅庐的社会新人，在许多社会人的眼中很可能还是孩子，真的具备赚取这几百万的能力或资格吗？大学生不要被一些诱惑力十足的薪酬条件蒙蔽双眼，失去正确的判断，一定要把握好自己的价值观和职业目标，脚踏实地地做人做事
忌糊涂心	大学生投递简历之前，要确实了解该企业的相关情况，认真仔细地思考自己是否适合这项工作；在参加笔试和面试时，要处处留心可能出现的陷阱；在应聘成功后，也不要就此放松警惕，关于试用期和签订合同的有关事项，一定要仔细检查核对，以免自己的权利受到侵犯

(三)遵循两大原则

1. 不缴纳任何费用

招聘都有成本，但真正招人的正规公司不会把招聘的成本转嫁到应聘者身上，更不会通过招聘来牟利或销售商品。因此，凡是在应聘时碰到公司要收费，这些公司多半有"猫腻"。大学生到人才中介或职业介绍机构求职时，要特别留意该单位的资质，并且应到经劳动部门或人事部门批准的正规机构求职。这些机构往往"明码标价"，服务流程相对规范，且收取费用后会开具正式发票。

2. 不随便签字

当招聘方拿出协议或合同要求签字时，千万要多加留心，仔细阅读内容，并细细斟酌。特别是当遇到以推广、促销产品为名的民事协议时，千万不要签。

(四)合理运用"四法"

这里所说的"四法"主要包括以下几方面(表 8-4)。

表 8-4　合理运用"四法"

"四法"	具体阐述
望	运用自己的视觉，观察公司的外部环境和人员情况等。这些摆在眼前的实物，绝不能视而不见，它们都可以较为真实地传递出公司的基本情况。正规的单位都有固定的办公场所，若面试地点非常简陋，只有一间门面、一部电话、几把椅子，要格外提高警惕
闻	通过听觉及咨询手段，了解公司经营发展概况。需要注意的是，在这一过程中不应该只是听取一面之词，而是应该通过多种途径收集各方面的资料

续表

"四法"	具体阐述
问	对亲人、老师、专业人士、同学、朋友等进行有目的的探询。关乎自己切身利益的事情,千万别不好意思张口,他们站在第三者的客观角度,可以提供行之有效的意见和建议
切	应聘者常常觉得招聘人员高人一等,怕得罪对方,因此不敢提出疑问,不敢与招聘人员平等沟通,这也是导致上当受骗的原因之一。在应聘过程中,留心观察工作人员的形迹,若是所谓"经理"没有任何专业素养,面试时只谈收钱的肯定是问题公司

第九章 自主创业:大学生创业的准备

创业并不是一件很容易的事,人人都可以创业,但未必人人都可以创业成功。对于大学生创业者来说,更应该做好相应的准备,准备的越充分,创业成功的可能性就越大。

第一节 创业者具备的素质

一、知识素质

创业者的知识素质对创业起着举足轻重的作用。在知识大爆炸、竞争日益激烈的今天,要想成功创业,单凭单一专业知识是非常困难的。创业者要做出正确决策,还必须掌握广博的知识,具有一专多能的复合型知识结构。概括来说,创业者应具备的知识素质包括以下几方面。

(一)人文基础知识

人文知识内容十分广泛,包括历史、文学、社会、哲学、政治、艺术等。作为一名21世纪的大学生,作为一个即将开创自己事业的创业者,基本的人文素养有利于开阔视野,活跃思维,激发创新灵感,并能够升华人格,提高境界,振奋精神。加强文化素质教育是学会做人的关键。只有学会了做人,才能学会做好生意。

（二）专业知识

专业知识是学生创业的起点，在创业知识结构中处于核心的地位。对于从事科技创业的学生来说，专业知识和才能是创业之源。只有掌握专业知识，才可以把握技术研发的内容、进程和关键环节，形成自己企业的核心竞争力，从而在商战里占据主动地位。近年来，一些学生创业之所以失败，根本原因就在于企业的知识含量不高，没有核心技术作为支撑。

（三）合法的开业知识

大学生创业者必须了解相应创办企业的程序以及相关的法律法规知识。例如，有关私营及合伙企业、有限公司的法律法规，怎样申请开业登记，怎样办理税务登记，纳税申报有哪些规定和程序，银行开户程序和有关结算规定等。

（四）税收知识

税收是国家凭借政治权力参与社会分配，取得物质财富的一种手段。税收具有强制性，即国家依靠国家权力，按照法律规定强制征收。纳税是政府调节经济的重要杠杆。依法纳税是纳税人的义务。我国的税种主要有以下几种。

第一，增值税。

第二，消费税。

第三，营业税。

第四，企业所得税。

第五，城市维护建设税。

第六，印花税。

第七，关税。

第八，车船使用税。

（五）法律知识

创业的过程难免出现这样那样的纠纷，也会遇到形形色色的法律问题。在法制社会中，了解基本的法律知识，对于创业活动是大有帮助的。现在的学生可能不缺乏法律意识和观念，但是很多人对于具体的法律知识却知之甚少。因此，创业者要对工商注册登记、经济合同、税务、劳动等方面的法律知识有所了解，以免盲目经营。

（六）管理知识

在市场经济条件下，公司成败的关键在于经营管理。倘若没有一个有效地决策分配系统，使各部门、各岗位之间既能相互配合、又相互制约，那么企业就不能高效、合理地运转。如果只是简单地规定"谁听谁的"是无法应付日益复杂的经营管理问题的，当企业经营过程中出现意见分歧无法进行决策时，不仅有可能引起团队成员之间反目成仇，而且还会影响到企业的运作效率，甚至会危及企业的生存。因此，在日益复杂激烈的市场竞争中，创业者不能仅凭经验和直觉去经营企业，必须运用有效的经营管理知识来武装自己，指导经营活动。

对于创业的大学生来说，由于主客观条件的限制和出于降低市场风险的考虑，在创业时大都选择了由几个要好同学、朋友组成创业团队的形式，这种形式需要解决的首要问题之一就是决策权限的分配问题，也就是解决"什么事情谁说了算"的问题。因此，大学生应该学习一些管理知识，明确规定出创业经营的目标与范围、管理制度的细节、执行业务股东的酬劳计算、利润如何分配，亏损和补偿如何分配，以及万一企业停止营业时财产如何处理等原则，提前将其落到实处，以免日后发生纷争。

（七）营销知识

营销管理是指为了实现企业或组织目标，建立和保持与目标市场之间的互利的交换关系，而对设计项目的分析、规划、实施和控制。例如，潜在客户在哪里、竞争对手是谁、对方的切入角度或竞争手法是什么、如何提供成本最低却又能符合需求的产品与服务、如何化解风险等。创业者可以通过观察同业者常用的销售方式及各种可供选择和借鉴的营销方式，然后再根据自己企业的实际，建立有效的运作模式。

大学生受自己生活的范围所限，对于市场和销售的了解会或多或少地存在猜想的成分，为了能够准确地把握市场，做好市场定位，大学生应该学习和掌握一定的营销知识,避免走一些弯路。

（八）资本和财务知识

创业所从事的生产经营活动一旦开始运营,就每时每刻都与资金打交道。离开了钱,生产经营活动将寸步难行。财务管理的主要内容就是资金及其运作。大学生创业必须具备一定的资本常识和起码的财务管理知识,对于资金的分配、使用、流动、增值等环节知识都要有所了解,养成良好的财务管理习惯,并了解怎样从银行借钱、怎样才能合理地使用资金、怎样才能有效地回避风险等同银行及保险部门打交道的基本知识,利用现代化社会发达的信用和保险制度为创业服务,这对于降低生产成本、报税、调整经营方向等会起到很有价值的参考作用。

二、能力素质

创业能力是在创业实践过程中直接体现出来的能够顺利实现创业目标的特殊能力。创业能力是一种高层次的综合职业能力。大学生创新创业应具备的能力包括以下几方面。

（一）专业能力

专业能力是指企业中与经营方向密切相关的主要岗位或岗位群所要求的能力。创业者应具备的专业能力主要体现在以下三个方面。

第一,创办企业中主要职业岗位的必备从业能力。

第二,接受和理解与所办企业经营方向有关的新技术的能力。

第三,把环保、质量、能源、安全、经济等知识和法律、法规运用于本行业实际的能力。

（二）协调能力

大学生创新创业者一定要具备协调能力,概括来说,协调能力的重要作用表现在以下几方面。

第一,协调能力能够化解创业团队与竞争者之间,创业团队与客户之间的矛盾,能够使创业团队获得良好的形象,提高可信度,为合作打好基础。

第二，良好的协调能力有利于信息的沟通。对于加强相互理解和利益共享有着切实的好处。

第三，协调能力还可以融洽相关主体之间的感情，增加合作的愿望和机会。

第四，协调能力使整个团队的工作有序，配合协调，工作效率达到最高。

（三）用人的能力

市场经济的竞争是人才的竞争。谁拥有人才，谁就拥有市场，拥有顾客。在生产力的诸要素中，人是最活跃的，起决定作用的因素，也是企业能否发展的决定性因素。一个企业没有优秀的管理人才、技术人才，这个企业就不会有好的经济效益和社会效益。一个创业者不吸纳德才兼备、志同道合的人共创事业，创业就难以成功。因此，大学生创新创业者必须学会用人，一定要具有用人的能力。

（四）网罗人才的能力

企业的竞争实际上就是人才的竞争。企业经营得好坏，与用人的好坏有着非常直接的关系。一个成功的创业者，必须要广泛吸纳人才，充分利用每一个人的长处，使其在企业中发挥最大作用。因此，创业者需要具有恰到好处的用人能力，只有能做到人尽其才，才能让企业获得更大的发展。

（五）判断能力

第一，判断是管理和决策的基础。面对复杂多变的环境，如果没有判断力就不可能形成认识。判断能力是把握事物发展主流所必需的能力。

第二，判断能力是风险运作的基础。在创业过程中，收益和风险总是并存的。不同的决策者对风险有不同的偏好。但不论创业者对风险是什么态度，都需要对收益和风险做出判断，没有判断的风险运作是注定要失败的。

(六)获取资源的能力

资源条件是创业能力的重要构成部分,但企业资源又是有限的,必须要合理计划和利用好有限资源才能实现成功创业。很多创业者认为,只有所有的资源条件都具备了才能创业成功,这种想法显然是不对的。在创业初期,很多创业者都会缺少一些资源,如果等所有的资源条件都到位再进行创业实践的话,很多商机可能就已经流失了。所以,创业者要善于整合并利用资源,只有这样才能创业成功。

(七)领导决策能力

在创业活动中,几乎每个阶段都离不开创业者的决策,创业项目的选择、企业产品的定位、企业的发展战略、企业的商业模式以及盈利模式等,都需要进行判断。能否做出一个正确的决策,直接关系着创业的成败。

(八)人际交往能力

在企业创建与经营的过程中,创业者不仅要同工商、税务等各环节的管理人员打交道,还要同客户、供应商、经销商等各个渠道、各行各业的人交往,没有良好的人际交往能力,企业的生存和发展都是非常困难的。

(九)经营管理能力

企业经营管理能力是对包括内部条件及其发展潜力在内的经营战略与计划的决策能力,以及企业上下各种生产经营活动的管理能力的总和。成功的创业者,不仅要有果敢的开拓精神,还必须精通经营之道。熟悉市场行情,了解和掌握生产经营活动的内容、策略和手段,要懂得市场经营策略、销售策略、定价策略,熟悉生产经营的组织和管理等。试想如果一个创造者不具备管理能力,他将如何管理公司,如何取得创业成功。

（十）创新创造能力

创新是知识经济主旋律，是创业者化解外界风险和获取竞争优势的有效途径。企业只有不断地创新，不断研发新产品，不断为客户提供优质的人性化服务，才能确保企业的可持续发展，才能确保企业立于不败之地。创业者必须有创新能力，才能确保企业的不断发展。

（十一）合作能力

创业者不但要与自己的合作者、雇员合作，也要与各种与企业发展有关的机构合作，还要与同行业的竞争者合作，因此，创业者要善于站在对方的立场上考虑，理解对方，要善于与他人合作，共同发展。

（十二）理财的能力

理财是对资金运动过程进行正确的组织、指挥和调节，保证生产活动顺利进行，从而减少劳动和物质资源的耗损，降低产品成本，提高资金利润率的重要环节。企业理财其实是一种生产力，只有创业者具有了这项能力和基本素质，并准确无误地应用到企业财务管理中，才能创造出更多的财富。

三、心理素质

创业者应具备的心理素质主要包括以下几方面。

（一）独立与合作的创业观念

独立性与合作性是相辅相成的两种心理品质，它们交互作用、相互制约，在创业实践活动中发挥重要的调节作用。

独立性是创业者最基本的个性品质，是创业者自立自强的重要人格因素。创业，对社会来说是为社会积累物质财富和精神财富，推动社会进步；而就个人来说，就是谋生和立业。因此，首先要能走出依附于他人的生活圈子，走上独立自主的生活道路。创业者要不靠别人的供养，摆脱别人的控制和影响，独立思考，自主行动，不人云亦云，依靠自己的劳动和智慧,走上自立人生、兴家创业的道路。

但是,独立并不等于孤独。我们所从事的创业实践活动离不开社会。虽然创业活动是个体的实践活动,但更是一种社会性的活动。这种活动,是在人与人之间交往、配合和协调中发生、发展并取得成功的。所以,成功的创业者大多是出色的社会活动家,他们善于与各种人打交道,积极主动地与人交往、交流、合作、互助。我们十分强调创业者的社会交往能力,它的潜质就在于个性的合作性。

（二）敢为与克制的创业精神

敢为性与克制性在创业活动中交互作用,相互制约,起着重要的调节作用。敢为而又善于自控,才能在积极进取和自我完善中不断获得成功。

对于瞄准的目标敢于起步,对于选定的事业敢冒风险,这就是敢为性。敢为性强调的是人对事业的倾向,具有敢为性的人能够不断地寻找新的起点,并及时付诸行动,当机会出现的时候,能够激起他们的心理冲动,并一往无前地付诸行动。只要从事创业活动,就必然会伴随某种风险,而且常常是事业的范围和规模越大,则能够取得的成就就越大,而伴随的风险也就越大,因此,需要承受风险的心理负担也就越大。立志创业必须敢闯敢干,有胆有识,才能变理想为现实。

但敢作敢为并不是盲目的,而是建立在对主客观条件进行科学分析的基础上,建立在实事求是的基础上的。因此,对于创业者来说,还要具有一定的克制性,即防止冲动。克制性包括对情绪的自我控制,对行为的自觉约束,对心理的自我调节,克制性能够使创业者积极有效地控制和调节自己的情感和情绪,使自己的活动始终在正确的轨道上运行。

（三）良好的适应性

适应性即善于进行自我调节,能不断适应环境变化的心理品质。面对市场的变化多端,竞争激烈,创业者能否因客观变化而"动",灵活地适应变化,成为创业成功的关键所在。因而,创业者应具有较强的适应性。

第二节　创业机会的发掘

一、创业机会的特征

（一）客观性

创业机会是客观存在的，无论创业企业是否意识到，它都会客观存在于一定的社会经济环境之中。客观存在的创业机会对所有人都是公开的，每个创业者都有可能发现，不存在独占权。在创业者发现创业机会的时候，就要考虑潜在的竞争对手，不能认为发现创业机会就意味着独占，独占创业机会就意味着成功。

（二）时效性

创业机会存在于一定的时空范围之内，随着产生创业机会的客观条件的变化，创业机会就会相应地消逝和流失。而且由于机会的公开性，别人也可能利用，这就改变了供需矛盾，加速了事物的变化过程，机会也就失去了效用，甚至成为创业者的威胁。对于创业者来说，要抓住创业机会并及时利用，越早发现创业机会并采取措施将机会付诸实施，成功的可能性也就越大。

（三）潜在的营利性

对于创业机会来说，营利性属于前提与基础。创业者创造创业机会的主要目的在于为自己营利。如果不存在营利性，那么创业机会也就不存在了。同时，创业机会的营利性是具有潜在特征的。具体来说，需要创业者具备一定的知识与经验。因此，这对于创业者来说有一定难度。从表面看，很多创业机会具有较大的营利性，但是经过实践之后，可能并未获得营利。因此，这就要求创业者需要付出更多的努力，进行识别与评价。

（四）偶然性

创业机会需要靠人去发现,但是由于缺乏科学方法的指导而没有发现创业机会是很正常的,但不能说没有创业机会。大多数时候,创业机会不可能明显地摆在创业者面前,机会的发现常常具有一定的偶然性,关键要靠创业者去努力寻找。创业机会无处不在、无时不有,关键在于寻找和识别,要从不断变化的必然规律中预测和把握机会。

（五）适应性

商业环境是初创企业赖以生存和发展的重要条件,包括政策法规环境、经济环境、社会环境、生产环境等。创业机会必须适应商业环境,能够使创业者在该环境中获得收益,创业活动才有可能延续下去。

（六）不确定性

创业机会总是存在的,但机会的发展事先往往难以预料。创业机会在一定的条件下产生,条件改变了,结果往往也会随之而改变。创业者在发现创业机会的时候,一般是根据已知条件进行的,但结果可能会出乎意料,因为条件改变了,或者创业者利用机会的努力程度不够。

二、发掘创业机会的方法

创业者不仅要善于发现机会,更需要正确把握并果敢行动,将机会变成现实的结果。概括来说,创业机会的识别方法主要有以下几种（表 9-1）。

表 9-1　发掘创业机会的方法

发掘创业机会的方法	具体阐述
通过系统分析发现机会	多数机会都可以通过系统分析得以发现。人们可以从企业的宏观环境(政治、经济、法律、技术等方面)和微观环境(顾客、竞争对手、供应商等)的变化中发现机会。借助市场调研,从环境变化中发现机会,是机会发现的一般规律

续表

发掘创业机会的方法	具体阐述
通过利用变化把握机会	变化中常常蕴藏着无限商机,许多创业机会产生于不断变化的市场环境。环境变化将带来思想观念的转变、产业结构的调整、消费结构的升级、政府政策的变化、居民收入水平的提高等。任何变化都能激发新的创业机会,需要创业者凭着自己敏锐的嗅觉去发现和创造
通过问题分析发现机会	问题分析从一开始就要找出个人或组织的需求和他们面临的问题,这些需求和问题可能很明确,也可能很含蓄。创业者可能识别它们,也可能忽略它们。问题分析可以说是识别机会的基础。这个分析需要全面了解顾客的需求,以及可能用来满足这些需求的手段
通过顾客建议发现机会	一个新的机会可能会由顾客识别出来。顾客建议多种多样,最简单的,他们会提出一些非正式建议。他们还可以有选择地采取非常详尽和正式的短文形式。例如,如果顾客是一个组织,巨额支出就得包括在内,一些组织在将他们的需求"反向推销"给潜在的供应商的过程中非常积极。无论使用什么样的手段,一个讲究实效的创业者总是渴望从顾客那里征求想法

三、发掘创业机会的过程

具体来看,创业机会的开发一般经过以下几个发展过程(图9-1)。

```
┌─────────────────────┐
│      产生创意        │
└─────────────────────┘
           │
           ▼
┌─────────────────────┐
│      收集信息        │
└─────────────────────┘
           │
           ▼
┌─────────────────────┐
│    进行市场测试      │
└─────────────────────┘
           │
           ▼
┌─────────────────────┐
│  评价并确定创业机会  │
└─────────────────────┘
```

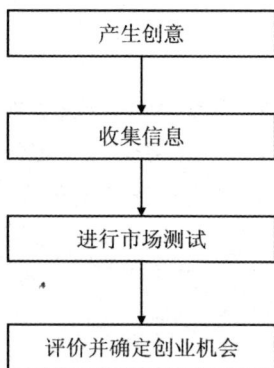

图 9-1 发掘创业机会的过程

第三节 创业项目的选择

一、创业项目与个人匹配

创业活动是创业者与创业机会的结合,影响创业机会识别既有主观因素,也有客观因素。由于创业者个性特质的差异,更由于各个创业者所面临的创业环境和资源约束条件的不同,创业者尽管发现了创业机会,但这并不意味着要创业,更不意味着成功就在眼前,因为并非所有机会都适合每个人。

(一)判断创业机会是否适合自己的主要依据

判断创业机会是否适合自己的主要依据在于机会特征与个人特质的匹配。学者们普遍认同,一方面,创业者识别并开发创业机会;另一方面,创业机会也在选择创业者。只有当创业者和创业机会之间存在着恰当的匹配关系时,创业活动才最有可能发生,也更有可能取得成功。

（二）个人特质和机会特征匹配理论

个体能否感知到创业机会的存在，取决于他们是否拥有先前经验和特定知识去甄别外部信息，这意味着掌握特定领域的知识对识别创业机会至关重要。从个人特质和机会特征匹配的视角看，创业机会识别过程大体可分为以下两个阶段。

1. 识别"第三人机会"阶段

"第三人机会"是指对于某些市场主体而言感知到的某种潜在机会。创业者依据先前经验和认知因素，对外部信息进行搜集、分析和甄别，通过增补型匹配、互补型匹配和结构性匹配三种匹配方式，识别出第三人机会。

2. 识别"第一人机会"阶段

"第一人机会"阶段是指对于创业者本人而言有价值的机会的阶段。根据创业意图理论，创业者在考察创业机会时会重点考察机会特征中的营利性和不确定性，而机会的创新性与机会的营利性和不确定性密切相关，同时创业者个人的认知因素、成就需要、自我效能感也有所区别。因此，在识别出第三人机会的基础上，若该机会的创新性、营利性和不确定性程度，能与特定创业者个人特质中认知因素、成就需要和自我效能感相匹配，那么创业者就可能感知和识别出第一人机会。如果两者不能匹配，那么，创业者就会放弃第三人机会。可见，创业机会是否适合自己的主要依据在于机会特征与个人特质的匹配。

二、创业项目选择的过程

创业项目的确定一般需要经过这样几个步骤（图9-2）。

（一）创业环境分析

创业环境是指创业者周围的境况，是在创业者创立企业的整个过程中，围绕着新创企业生存和发展变化，对其产生影响或制约新创企业发展的一系列外部因素及其组成的有机整体。在选择创业项目之前一定要对创业环境进行分析。

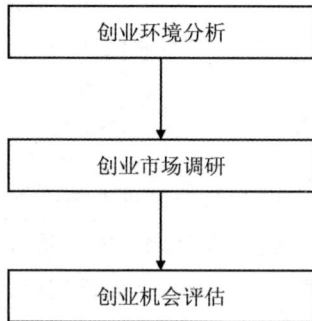

```
┌─────────────────────┐
│     创业环境分析      │
└─────────────────────┘
           │
           ▼
┌─────────────────────┐
│     创业市场调研      │
└─────────────────────┘
           │
           ▼
┌─────────────────────┐
│     创业机会评估      │
└─────────────────────┘
```

图 9-2　创业项目选择的过程

（二）创业市场调研

创业市场调研是指为创业项目的相关决策提供依据或者为验证创业决策中的相关推断和策划而进行的各种市场信息的收集、整理、分析和应用的过程。创业市场调研的内容主要包括以下几方面。

1. 行业调研

创业者对自己即将从事的行业,需要有全面、充分、系统、细致的考察与评估。比如,你即将进入的行业主要的合作商和客户是谁? 未来的发展趋势如何? 只有对此类问题有了深入的了解,你才会知道如何更好地进入特定的市场。

2. 政策调研

创业者只有熟悉政策,利用好政策中对自己有利的因素,规避不利因素,才能少走弯路,从而更快地让企业启动起来。

3. 客户调研

进行客户调研就是了解客户需求的过程,了解即将开发的产品和服务能否满足客户和市场的需求。

4.商业模式调研

商业模式就是企业通过怎样的模式和渠道来盈利。只有对此有一定的了解，才能在确立自己企业的商业模式时有所借鉴、扬长避短。

(三)创业机会评估

创业机会评估的一个重要部分是创业机会与个人的匹配问题，常规的市场研究方法不一定对创业机会评估完全适应，特别是对原创性创业机会的评价，初次创业者必须牢记以下关键内容。

1.确立目标

只有商品或者服务被市场看好时，人们才会来购买它，钱才会滚滚而来，有了钱才可以扩大业务。"确立自己可达到的目标，然后去实现这些目标！"现代市场，是需求决定产品而不是产品决定需求。

2.问卷调查

如果条件允许，可以在目标市场中对未来的顾客群做一次针对性的问卷调查。对未来的服务以及产品进行一个详细的描述，在问卷调查中，主要调查顾客对它的反应，通过这个调查报告，从而对这个项目的可行性进行确定。

3.商机评估

如果一个创业项目在经过商机评估之后的结果不够完美，市场的竞争并不十分理想，或者是在对顾客进行调查时可以发现，经营的设想并不被大家看好。但是这并不代表不可以创业，这意味的是需要对这个创业项目进行重新的设计。

4.分析对手

第一，对顾客的需求和竞争对手的情况做一次深入的分析。
第二，推出符合市场需求的服务或产品。

5. 独特创意

以市场需求为导向，了解竞争对手的优势和劣势。对项目所在的行业要了如指掌，才能在同类产品中脱颖而出，做出特色。产品只有与众不同，企业在市场上才可以立足。

6. 求教咨询

和有经验的成功创业者多进行交流与沟通，他们可以将创业过程中的一些经验传递给创业者。一个成功的企业家，往往会将一些系统的、实用的建议传递给创业者，从而将创业者引向成功之路。

第四节　创业计划的制定

创业计划又称为创业计划书，是创业者在创业初期为企业勾画的蓝图。

一、创业计划的作用

（一）是创业者的一面镜子

创业计划是创业者为自己开拓事业而量身定制的一面镜子，在撰写创业计划书的过程中，创业者必须冷静而谨慎地对自己和即将开始的创业活动进行全面审视，包括政治、经济、文化环境，产品或服务是否符合市场需求，企业可持续发展的战略等。

（二）是创业者打开风投大门的垫脚石

对于尚在雏形中或尚待创办的新企业，风险投资者无从获知它的商业数据，一般只能通过创业计划书来了解企业前景，判断是否具有投资潜力和利益回报。因此，创业计划书的质量和水平很大程度上决定了企业是否能够获得风险投资者的青睐。

（三）为企业经营活动提供依据与支撑

创业计划书是为企业发展所做的规划，企业的创立与成长需要由创业计划书引领。创业计划书的主要构思围绕企业，主要内容更离不开企业，如资金规划财务预算、产品开发、投资回收、风险评估等，都与现实目标及企业发展休戚相关。因此，创业计划书是企业经营活动的有力依据和有效支撑，对创业行动具有指导意义。

（四）是投资者决定是否投资的重要参考

从融资角度看，创业计划书通常被喻为"敲门砖"。在一份详细完备的创业计划书中，往往包含了投资者所需要的信息，如创业企业的现实业绩和发展远景，市场竞争力和优劣势，企业资金需要现状和偿还能力以及创业者及其团队的能力和阵容等。这些都是投资者关心的重点，是他们衡量创业企业实力和潜力的依据，并以此作为是否对创业企业进行投资的重要参考。

（五）是创业团队及合作者共同奋斗的动力和期望

创业计划书是创业者理想与现实的连接桥梁。创业企业的预期目标战略、进度安排团队管理等方面都是创业者理想的具体化图景，是创业团队奋斗的动力。明细的创业计划书有助于统一思想和路线，有助于创业团队成员的步调一致。创业计划书是合作者的"兴奋剂"，能让创业者及其合作者紧密团结在一起，同甘共苦，打拼未来。创业计划书还是亲缘纽带的"黏合剂"，优秀的创业计划书可以让创业者赢得亲友的信任与支持，坚定创业者在艰难的创业路上的信心与勇气。

（六）是对资源的整合

撰写创业计划书前，必定要对创业过程进行全面思考，完成自我评估、市场调研、产品研发、市场定位等。创业计划书的书写实际上是对这些创业过程中各种凌乱、分散的信息和要素进行充分的研究，找出它们内在的联系，对它们进行调整和重组，实现有机承接，形成完整流畅的商业运作计划。并且，在这个过程中，创业者要对社会资源进行分析和运用，充分利用优惠政策、行业人脉等获得创业平台和资金，真正做到整合各方面资源，胸有成竹地开创事业。

（七）是创业者展示产品和服务的载体

一份优秀的创业计划书，不仅能使投资者看到创业者的潜力和决心，也能让有识之士看到希望和未来，将志同道合的人吸引到创业的团队中来，打造属于这一群人的梦想舞台，实现他们的人生理想。一份具有前瞻性的创业计划书意味着创业战略能够顺利展开，企业可以稳步发展，投资者和员工利益能够得到有效保障。而缺乏战略思考能力和良好部署的创业者必将在创业过程中因遭遇环境、经济、技术、人员等变化导致应对无措，无法适应激烈的市场竞争，最终被淘汰。因此，只有具有长远目光和战略思考能力的创业者，才能获得投资者和创业团队内部成员的支持。

二、创业计划书的基本内容

创业计划书在创业活动实践中，形成了相对规范的格式。创业计划书在结构上主要可分为如下几个部分（表9-2）。

表9-2　创业计划书的基本内容

创业计划书的基本内容	具体阐述
封面	封面上应写明以下内容。 第一，指出是某公司创业计划书 第二，注明公司地址、通讯方式 第三，指出公司的指定联系人的姓名和电话 第四，注明相应的完成日期
扉页	这一页应向意向投资人出具关于本创业计划书的保密须知或守密协议，其目的在于保证创业计划书中的内容不致外传和泄露

续表

创业计划书的基本内容	具体阐述
目录	目录标明创业计划书各部分内容及页码
摘要	摘要应从正文中摘录出主要的、核心的、让阅读者关心的问题，一般包括企业介绍、产品或服务范围、市场概貌、营销策略、生产管理计划、销售计划、管理者及管理方式、财务计划、资金需求等
正文	正文是创业计划书的主体部分，应分别从公司基本情况、经营管理团队、产品或服务、技术研究与开发、行业及市场预测、营销策略、产品制造、经营管理、融资计划、财务预测、风险控制等方面对投资者关心的问题进行介绍
附录	附录是对正文中涉及内容的补充，对一些相关数据、资料进一步说明、介绍、解释。比如，公司的章程、市场调查问卷、调查分析、合同、知识产权的证明等

需要注意的是，创业计划书一般不要超过 50 页，应该尽可能简短而且内容全面，因为投资者经验丰富但时间有限，一份有效的创业计划书应该能很快吸引住投资者，进一步识别创业计划书中所涉及的关键性的核心问题。因此，创业计划书在撰写的过程中也要考虑阅读者的感受，不要过于虚华或夸张，但也要让投资者看到创业者的风险意识、认真负责的态度，智慧地展示创业者的创业思路与预期成果。

三、创业计划书的撰写原则

创业计划书的撰写并不是随意的，要想保证创业计划书的合理性，需要依据一定的准则（表 9-3）。

表 9-3　创业计划书的撰写原则

创业计划书的撰写原则	具体阐述
实事求是原则	创业不是凭空创造的，也不是从书本来的，而是要从客观的实际条件出发，用充足的实际资料作为证据，数据也应该是客观的，这样也就是在创业计划书创造中坚持了实事求是的原则
可行性原则	创业计划书是创业者制定的创业行动计划，因此必须坚持可行性原则，使市场具有可操作性。尤其是营销计划、研发计划、营地风险措施、组织结构等，都不能仅仅靠书本知识，而应该付诸实践
诚恳原则	诚信是双方展开合作的前提。创业计划书的关键是在论述时不能夸大其词，不能本末倒置，而应该坚持诚恳原则，因为夸大其词的描述会让读者感到反感，从而丧失合作的信念
市场原则	在资源配置中，市场起着决定性的作用。创业决不能是创业者想当然地做事情，而应该逐渐走向市场，在市场中获得信息与资源。这是因为，企业的创业多是从市场来的，各种要素也是从市场来的，利润也是市场的需求。总体而言，市场是企业生存的前提与基础，一切与市场脱离的计划书都是没有价值的计划书。因此，创业计划书需要以市场为导向，对市场的现状与走势有清楚的把握，对市场的商机进行分析，并明确其风险

四、撰写创业计划书应避免出现的问题

撰写创业计划书应避免出现的问题包括以下几方面（表 9-4）。

表 9-4　撰写创业计划书应避免出现的问题

撰写创业计划书应避免出现的问题	具体阐述
过分乐观	对创业的前景盲目乐观，对可能出现的问题分析不足
数据没有说服力	采用的数据、资料过于笼统，缺乏说服力，或者有的数据不是在认真、详细的调查基础上得到的
概要部分太长且松散	概要是创业计划书的精华部分，有些计划书怕说不完、说不清，结果这部分篇幅很长，内容又不紧凑
忽略竞争威胁	有的创业计划书不谈竞争，或者干脆认为自己的创业计划书"没有竞争对手"。这都是不能客观分析、正确对待事物的表现是很危险的
不专业或太花哨	创业计划书缺少封面、联系信息；在设计上与产品或服务关联性不强，过于花哨凌乱
产品或服务导向缺乏应有的数据	对产品或服务不能提供数据的说明，只是凭"创意"概念，不能用数据、图纸来解释，只是简单的语言描述
滥用资料而无针对性	有的创业计划书在撰写时把自己能够掌握的资料都用上，担心阅读者不重视。事实上，这样重点不突出反而会给阅读者增添不信任感
写作风格和分析深度不一致	创业计划书应该是完整的一个体系，从头至尾风格应该统一；应该突出重点、内容全面。对于关键问题、重点问题不能避重就轻、敷衍了事

第十章　管理企业:新创企业的管理

创业管理是"以生存为目标"的管理,是充分调动"所有的人做所有的事"的团队管理,是一种"经理人亲自深入运作细节"的管理。对于大学生来说,创办一个新企业是非常不容易的,因此,一定要掌握好相关的管理知识。

第一节　新创企业的人力资源管理

人力资源管理是指组织为了获取、开发、保持和有效利用在生产和经营过程中必不可少的人力资源,通过运用科学、系统的技术和方法所进行的计划、组织和控制活动,以实现组织既定目标的管理过程。新创企业人力资源管理的内容主要包括以下几方面(图 10-1)。

一、人力资源规划

人力资源规划是根据组织的发展战略、组织目标及内外环境的变化,预测未来的组织任务和环境对组织的要求,为完成这些任务和满足这些要求而提供人力资源的过程。组织的人力资源规划,立足于组织的中长期发展,根据组织的近期经营需要提出对于人力资源的具体需求,找出供给的缺口。以使人力资源的供求得到平衡,保证组织目标的实现。

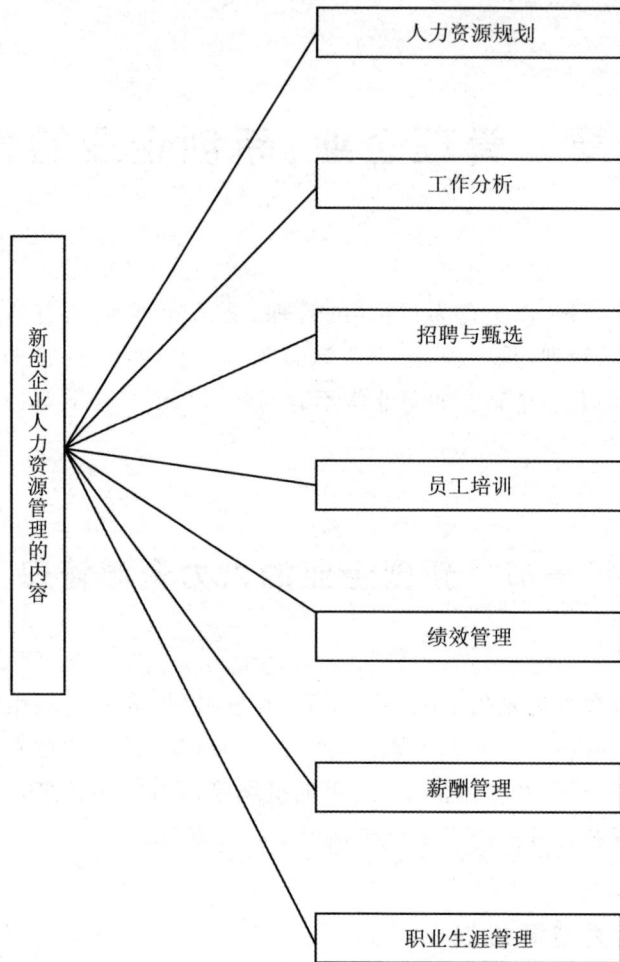

图 10-1　新创企业人力资源管理的内容

二、工作分析

工作分析是通过搜集工作岗位的相关信息，明确界定每个岗位的责任、任务或活动以及工职位所要求的任职资格。工作分析的结果一般体现为工作说明书，将岗位任务、责任、职责和从事该岗位的人应该具备的知识、技能、能力等要求规定清楚。

（一）工作分析的程序

工作分析的程序如图 10-2 所示。

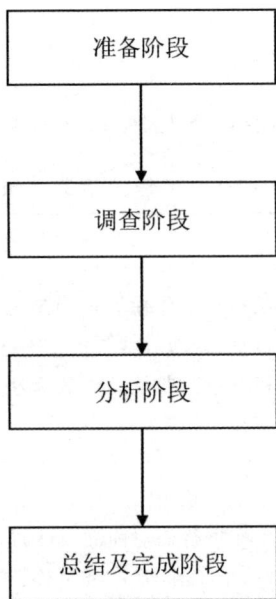

图 10-2 工作分析的程序

1. 准备阶段

准备阶段的任务是了解有关情况,建立与各种信息渠道的联系,设计全盘的调查方案,确定调查的范围、对象与方法。

2. 调查阶段

调查阶段的主要工作是对整个工作过程、工作环境、工作内容和工作人员等主要方面做一个全面的调查。

3. 分析阶段

分析阶段是对调查阶段所获得的信息进行分类、分析、整理和综合的过程,也是整个分析活动的核心阶段。

4. 总结及完成阶段

总结及完成阶段的主要任务是在深入分析和总结的基础上编制工作说明书和工作规范。

（二）工作分析的方法

工作分析的方法主要有以下几种（表 10-1）。

表 10-1　工作分析的方法

工作分析的方法	具体阐述
观察法	观察法即在工作现场运用感觉器官或其他工具对员工的工作过程、行为、内容、特点等进行实地观察，并进行记录，再进行分析与归纳总结的方法。适用于变化少而运作性强的工作
访谈法	访谈法主要是由工作分析专家与被分析工作的任职者就该项工作进行面对面的谈话，是应用最广泛的职务分析方法，适用于工作任务周期长、工作行为不易直接观察的工作
问卷调查法	问卷调查法是采用问卷来获取工作分析中的信息，实现工作分析的目的。问卷调查法适用于脑力工作者、管理工作者或工作不确定因素很大的员工
工作日志法	工作日志法即由员工本人每天按时间顺序详细地记录自己的工作内容、工作负荷、责任权力及感受等内容，在此基础上进行工作分析的方法
典型事例法	典型事例法也称为关键事件扩展法，是对实际工作具有代表性的工作者的工作行为进行描述。这是由职务专家向一些对某职务各方面情况比较了解的人员进行调查，要求他们描述该职务半年到一年内能观察到并能反映其绩效好坏的一系列事件来获得工作信息，从而达到分析目的的方法

三、招聘与甄选

（一）员工招聘

员工招聘是指组织根据人力资源规划，按照一定的程序和方法，招募、挑选、录用具备资格条件的应聘者担任一定职位工作的系列活动。

1. 员工招聘的程序

员工招聘的程序包括以下几方面。

（1）根据企业人力资源规划，开展人力资源供给和需求预测，拟定人员招聘计划。

（2）做好招聘准备工作，人力资源会同用人部门要做好招聘前的准备工作，包括以下几方面。

第一，分析拟招岗位的工作任务，确定任职资格和招聘标准。

第二，确定录用标准和工资水平，包括理想的状况和可接受的上、下限。

第三，准备招聘宣传材料，包括撰写广告、组织宣传材料等。

第四，准备招聘工具，包括需要填写的表格、面试问卷、笔试试题等。

第五，对招聘小组成员进行招聘工作培训，包括招聘工作基本程序、招聘方法和技巧、公关礼仪等。

第六，做好招聘预算，尤其外部招聘，要对广告费用、测试费用、差旅费、办公用品等做出基本估算。

（3）实施招聘。这一过程是整个招聘活动的核心，也是关键的一环，如图10-3所示。

（4）招聘工作评估，包括两方面评估。

第一，对招聘行为本身的评估。包括招聘计划的可操作性、招聘信息吸引申请者数量、实际招聘成本与预算成本的差距、招聘的宣传效果等内容。

第二，对招聘结果成效的评估。重点是新录用员工的质量，在职时间的长短等方面。

```
┌─────────────────────────┐
│           招募           │
└─────────────────────────┘
              │
              ▼
┌─────────────────────────┐
│           筛选           │
└─────────────────────────┘
              │
              ▼
┌─────────────────────────┐
│           录用           │
└─────────────────────────┘
```

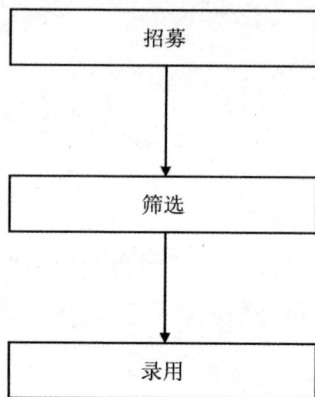

图 10-3　实施招聘的程序

2. 员工招聘的渠道

员工招聘的渠道主要有两种，如图 10-4 所示。

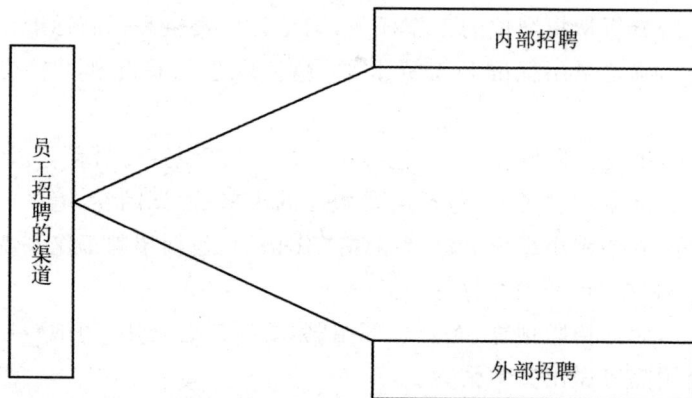

图 10-4　员工招聘的渠道

（1）内部招聘

内部招聘的方法有以下几种。

第一，竞聘、上岗。

第二，内部提升。

第三，工作轮换。

第四，工作调换。

第五，转岗培训。

（2）外部招聘

内部招聘不能满足企业对新人员的需求，特别是对于处于初创时期或规模高速膨胀期的企业，必须借助外部招聘获得企业需要的人员。外部招聘的方法主要有以下几种。

①招聘会

招聘会是一种成本低、效率高的招聘形式，为许多企业采纳。

②招聘广告

招聘广告是通过多种媒体形式向社会广泛传播招聘信息。

③校园招聘

校园招聘最常用的方式是一年一次或两次的毕业生人才洽谈会，供需双方直接见面，双向选择。此外，有的企业为了不断地从学校获得所需要的人才，通过委托培养、定向培养、设立奖学金、校企联合开发项目、资助优秀学生、为学生提供实习机会以及与高等院校建立联谊会等多种形式招募专业技术和管理人才。

④就业代理机构

就业代理机构是指人才交流中心、职业介绍所、劳动力就业服务中心等机构。

⑤网上招聘

计算机时代使得在互联网上招聘成为可能。互联网为招聘开辟了一块新天地，越来越多的公司在网上接受简历。

⑥猎头公司

猎头公司是与就业代理机构类似的就业中介企业，但由于其运作方式和服务对象的特殊性，经常被看作是一种独立的招聘渠道。

⑦员工推荐与申请人自荐

很多公司逐渐认识到通过员工推荐方法聘用员工有很多好处，既可以节省招聘费用，还可以得到忠实可靠的员工。对员工而言，推荐的申请人合适与否，不仅影响自己在企业中的地位，而且会影响自己与被推荐者的关系。

（二）员工甄选

员工甄选是指通过运用一定的工具和手段对已经招聘到的人力资源进行鉴别和考察，区分其人格特点与知识技能水平，预测其未来工作绩效,最终挑选出企业所需要的、恰当的职位空缺填补者。员工甄选的方法主要包括笔试和面试两种。

1. 笔试

笔试是用以考核应聘者特定的知识、专业技术水平和文字运用能力的一种书面考试形式。这种方法可以有效地测量应聘人的基本知识、专业知识、管理知识、综合分析能力和文字表达能力等素质及能力的差异。

2. 面试

面试是一种经过精心设计。在特定场景下,以面试官对应聘者面对面交谈与观察为主要手段,由表及里测评应聘者的知识、能力、经验等有关素质的一种考试活动。

四、员工培训

员工培训是指导组织在将组织发展目标和员工发展目标相结合的基础上,为使员工获得或改进与工作有关的知识、技能、态度和动机,有计划地组织员工从事学习和训练,提高员工的知识和技能,改善员工的工作态度,激发员工的创新意识,使员工能胜任本职工作的人力资源管理活动。员工培训的方法主要包括以下几种。

(一)对管理人员的培训方法

对管理人员的培训方法主要包括以下几种(表 10-2)。

表 10-2 对管理人员的培训方法

对管理人员的培训方法	具体阐述
在职培训	适用于开发仅凭书本、观察不能获得的技能,为管理人员提供实际锻炼的机会,并使他们从错误中得到经验
研讨会	类似于课堂指导,适用于对多人进行培训和开发的情况

续表

对管理人员的培训方法	具体阐述
案例教学	通过对一些成文的例子进行分析,有些可能来自受训者的实际工作经历,管理人员可以掌握如何对事实材料进行分解和综合,认识到许多决策时的影响因素,提高决策技能
管理游戏法	参加者面临着为一个虚拟组织制定一系列影响组织决策的任务,决策影响组织的效果可以用计算机程序来模拟
角色扮演	通过扮演其他角色,提高他们理解和处理问题的能力,有助于受训者从另外一个立场来看问题,从而发现不足

（二）对非管理人员的培训方法

对非管理人员的培训方法主要有以下几种(表 10-3)。

表 10-3　对非管理人员的培训方法

对非管理人员的培训方法	具体阐述
在职培训	在职培训是一种应用最多的培训方法,可以提供常规工作条件下实际锻炼的经验,也为培训人员和新来的员工之间建立一种融洽的关系提供了机会
分步指导	分步指导包括应用书本知识、体力或计算机把学习的内容分解成高度组织化、逻辑化的步骤序列,每一步都要求受训者做出反应,给出一小部分信息,要求受训者回答相应的问题,如果回答正确就可以进行下一步的操作,而如果提示错误则应该重来
视听培训	可以应用视听设备对许多从事生产性质的员工进行培训,使其掌握工作技能和流程

续表

对非管理人员的培训方法	具体阐述
CAI 和 CMI 培训	CAI 即计算机辅助指导,计算机辅助指导系统通过一台计算机终端把培训材料以互联网的形式直接发出去,提供操作及练习,解决问题及模拟,以游戏的方式进行指导培训。 CMI 即计算机管理指导,计算机管理指导系统利用计算机来随机出题的形式进行测试,以决定受训者的熟练程度,跟踪并指导他们应用学到的适当材料来满足专门的要求等
应用互联网培训	互联网具有连续提供最新培训材料的潜能,使得修订培训课程容易且成本较低,利用互联网可以节省旅行和课堂培训的费用,从而降低培训成本

五、绩效管理

绩效管理是通过制定员工、团队及组织的绩效目标,定期对绩效目标完成情况做出评价和反馈,以改善员工、团队及组织的工作绩效,并最终提高组织整体绩效的制度化过程。绩效管理体系如下。

(一)绩效计划

绩效计划是整个绩效管理过程的开始,这一阶段主要是要完成制定绩效计划的任务,也就是说通过上级和员工的共同讨论,要确定出员工的绩效考核目标和绩效考核周期。

(二)绩效实施

管理者和员工经过沟通达成一致的绩效目标之后,便进入绩效管理的实施阶段。这一阶段需要完成绩效监控、绩效辅导、绩效沟通、绩效信息收集工作。

绩效监控是管理者始终关注下属的各项活动,以保证它们按照计划进行,并纠正各种重要偏差的过程。

绩效辅导是在绩效监控过程中,管理者根据绩效计划。采取恰当的领导风格,对下属进行持续的绩效指导,确保员工工作不偏离组织战略目标,并提高其绩效周期内的绩效水平以及长期胜任素质的过程。

绩效沟通是指考核者与被考核者就绩效考评反映出的问题以及考核机制本身存在的问题展开实质性的沟通,并着力于寻求应对之策,服务于后一阶段企业与员工绩效改善和提高的一种管理方法。

绩效信息的记录和收集是绩效实施环节管理者需要进行的一项重要工作,很多绩效管理失败的原因在于绩效信息的不准确以及管理者考核评价的随意性。信息收集不可能将员工所有的绩效表现都记录下来,应该确保所收集的信息与关键业绩指标密切联系。

（三）绩效考核

绩效考核也叫绩效评价,指企业在既定的战略目标下,运用特定的指标和标准,对员工的工作行为及取得的工作业绩进行评估,并运用评估的结果对员工将来的工作行为和工作业绩产生正面引导的过程和方法。

（四）绩效反馈

绩效反馈的任务是上级要就绩效考核的结果和员工进行面对面的沟通,指出员工在绩效考核期间存在的问题,并共同制定出绩效改进的计划。

六、薪酬管理

薪酬管理是建立一套完整、系统的薪酬体系,实现激励员工积极性的管理活动。

薪酬制度是由企业根据劳动的复杂程度、精确程度、繁重程度和劳动条件等因素,将各类薪酬划分等级,按等级确定薪酬的一种制度。薪酬制度设计是一个系统工程,它以岗位分析与评价、薪酬调查和绩效考核为基础,一般有以下几个程序(表10-4)。

表 10-4 薪酬制度设计的程序

薪酬制度设计的程序	具体内容
薪酬调查	了解同行业、地区市场水平及员工薪酬满意度
增资实力	了解公司增资或人力成本承担水平
薪酬结构	确定不同员工的薪酬构成及各构成项目所占比重
岗位评价	确定薪酬等级及固定薪酬岗位、能力以及工资标准
绩效考核	确定浮动薪酬、奖金或年终分红水平
特殊津贴	确定津贴工资项目及水平
长期激励	确定长期激励方式及激励力度，如股利、分红水平
评估调整	执行薪酬制度，评估公平性、竞争性等特征，及时修正偏差

七、职业生涯管理

职业生涯管理是组织根据员工个人性格、气质、能力、兴趣、价值观等特点，同时结合组织的需要，为员工制定具体的事业发展计划，并不断开发员工潜能，把员工个人职业发展目标与组织发展目标统一起来，使员工不断获得成长，产生强烈的归属感、忠诚感和责任心，从而最大限度地发挥工作积极性。

职业生涯管理可以分为个人职业生涯管理和组织职业生涯管理。

（一）个人职业生涯管理

个人职业生涯管理是以实现个人发展的成就最大化为目的，在职业生命周期的整个过程中，对自己的职业发展计划、职业策略、职业变动和职业位置等做出规划和设计，并为实现自己的职业目标而积累知识、开发技能。一般来说，要做好个人职业生涯管理工作，要认真做好以下每个环节（图 10-5）。

```
┌─────────────────────┐
│      确定志向        │
└─────────────────────┘
           │
           ▼
┌─────────────────────┐
│      自我评估        │
└─────────────────────┘
           │
           ▼
┌─────────────────────┐
│     内外环境分析     │
└─────────────────────┘
           │
           ▼
┌─────────────────────┐
│     职业的选择       │
└─────────────────────┘
           │
           ▼
┌─────────────────────┐
│    设定职业生涯目标   │
└─────────────────────┘
           │
           ▼
┌─────────────────────┐
│   职业生涯路线的选择  │
└─────────────────────┘
           │
           ▼
┌─────────────────────┐
│   制定行动计划与措施  │
└─────────────────────┘
           │
           ▼
┌─────────────────────┐
│      评估与调整      │
└─────────────────────┘
```

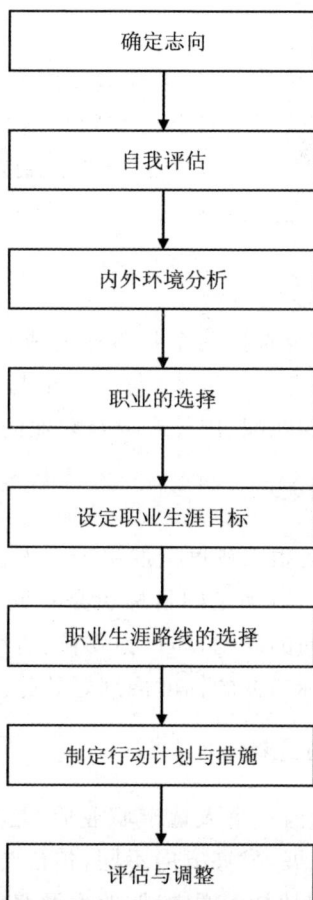

图 10-5　个人职业生涯管理的环节

1. 确定志向

志向即一个人为之奋斗的最终目标，是事业成功的基本前提。所以，在设计职业生涯时，首先要确立志向。

2. 自我评估

自我评估是对自己的各方面进行分析评价，以达到全面认识自己、了解自己的目的，才能选定适合自己发展的职业生涯路线，才能对自己的职业发展做出最佳抉择，增加事业成功的概率。

3．内外环境分析

在设计个人职业生涯时，应分析环境发展的变化情况、环境条件的特点、自己与环境的关系、环境对自己有利与不利的因素等。只有把自身因素和社会条件作最大限度地契合，才能做到在复杂的环境中趋利避害，使职业生涯设计更具有实际意义。

4．职业的选择

职业选择的正确与否直接关系到事业的成功与失败。个人进行职业选择时存在诸多需要考虑的因素，包括性格与职业的匹配、兴趣与职业的匹配、特长与职业的匹配、内外环境与职业的相适应等。

5．设定职业生涯目标

一个人事业的成败，很大程度上取决于有无正确适当的目标。每个人由于自身条件的不同，所确定的目标也是不同的，但无论确定什么样的目标，都应该遵循相同的规则，即目标要符合社会与组织的需求，目标要符合自身的特点，目标高低的幅度恰到好处等。

6．职业生涯路线的选择

职业生涯路线是指当一个人选定职业后，是向专业技术方向发展，还是向行政管理方向发展，发展方向不同，各自要求也不同。因此，在设计职业生涯时，必须做出抉择。通常，职业生涯路线的选择需要考虑三个问题：我想往哪方面发展？我能往哪方面发展？我可以往哪方面发展？

7．制定行动计划与措施

任何美好的理想和想法，最终都必须落实到行动上才有意义，因此在确定了职业生涯目标和职业生涯路线后，就要落实实现目标的具体措施。

8．评估与调整

影响职业生涯设计的因素很多，其中环境变化是最为重要的一个因素。因此，要使职业生涯设计行之有效，就必须不断地对职业生涯设计进行评估与调整。调整的内容侧重于职业的重新选择、职业生涯路线的选择、人生目标的修正以及实施措施与计划的变更等。

(二)组织职业生涯管理

组织职业生涯管理是一种专门化的管理,即从组织角度对员工从事的职业和职业发展过程所进行的一系列计划、组织、领导和控制活动,以实现组织目标和个人发展的有效结合。

1. 确定不同职业生涯阶段的职业开发管理任务

职业生涯分为不同时期或阶段,在各个时期或阶段,员工的职业工作任务、职业行为有所不同,呈现出不同的特征。从组织角度讲,就要根据不同职业生涯期的个人职业行为与特征,确定每个阶段具体开发与管理的任务。

2. 有效地进行职业指导

职业指导是指组织帮助劳动者了解自己的生理和心理特点。提供有关现有职业机会及其职业特点的信息,帮助个人选择和获得最合适的职业。职业指导旨在帮助劳动者选择到适合的、满意的职业岗位。

3. 帮助员工制定和执行职业生涯规划

职业生涯规划是一个人职业生活的妥善安排,在这种安排下,个人可以依据各计划要点,在短期内充分发挥自我潜能,并运用环境资源获得各阶段的成功,最终达到既定的目标。

4. 为员工设置职业通道

(1)设置员工职业发展通道

职业通道是员工实现职业理想和获得满意工作,或达到职业生涯目标的路径。组织中的成员,其职业目标可否实现,个人特质、能力至关重要,但如果没有外在条件,个人职业发展是不可能的。

(2)为员工疏通职业通道

员工职业发展的障碍,既来自职业工作自身,又来自家庭。所以,组织必须从员工职业生涯发展过程中发现问题、解决问题。这样做既有利于其个人事业进步,又利于组织的发展。

第二节　新创企业的营销管理

一、新创企业的市场调查

市场调查可以被定义为市场营销信息的收集、处理、报告和解释。创业者可以单凭直觉为新企业制定营销计划，也可以凭借充分的市场信息提高他的判断能力。具体来说，新创企业在进行市场调查时应注意以下几方面。

（一）明确调查所需的信息

市场调查的第一步需要创业者精确地定义决策所需要的信息，确定调查的主题，并拟定市场调查计划。对于新创企业来说，企业实力通常是相对弱小的。能投入市场调查上的资源是有限的，因此市场调查的对象内容通常不会像上述这么抽象和全面，而会较为具体地涉及下列问题。无论涉及哪方面的信息，创业者一定要谨记在市场调查之前做好准备，准确定义市场调查需要的信息。

第一，为什么他们选择去那里购买？

第二，市场的规模有多大？企业能占领的份额是多少？

第三，潜在的消费者打算去何处购买产品或服务？

第四，与竞争对手相比自己有无优势？

第五，促销行动对消费者会产生什么影响？

第六，潜在的消费者想得到哪种类型的产品或服务？

（二）收集资料

准备好调查信息后，接下来进入正式调查阶段。市场调查的各种资料可以分为原始资料和第二手资料两大类。通常来说，收集第二手资料的成本要低于收集新的原始资料。创业者在进行进一步的研究之前应该从一切可能的渠道收集第二手资料。很多时候，市场营销的决策只能建立在第二手资料的基础上，对于弱小的新创企业更是如此。但是，运用第二手资料时通常会面临以下一些问题。

第一,这些资料可能因为已经过时而利用价值大打折扣。

第二,第二手资料的收集标准可能不适合现在所面临的问题。

第三,第二手资料的有效性有可能比较差。

如果第二手资料不充分,那么下一步的工作就是收集新的也就是原始资料。在原始资料积累过程中可以使用观察法和问卷调查法。需要注意的是,新创企业的市场调查既可以由企业内部力量完成,也可以委托专门的市场调查机构完成,这主要取决于调查内容的复杂性和难易程度,以及调查所需的成本。

（三）加工处理信息

收集完必要的资料之后,就该将其转化成有用的信息。大量的原始资料只是一堆事实而已,所以必须对资料进行编辑、整理、分类、统计、分析,并最终形成调查报告。

二、新创企业的市场定位

市场定位是根据竞争者在市场上所处的位置,针对消费者或用户对本企业所能提供的产品或服务的某种特征或属性的重视程度,强有力地塑造出本企业与众不同的、给人印象鲜明的个性或形象,并把这种形象生动地传递给顾客,从而使本企业在市场上确定适当的位置。市场定位的步骤如图 10-6 所示。

三、新创企业的营销战略

（一）产品引入阶段的营销战略

创业企业在进行营销管理时,意味着自己的产品准备走向市场。无论创业企业生产的是什么,这些产品都意味着开始进入产品生命周期的引入期。创业企业在营销初期,由于销售量少及分销和促销费用高。企业可能亏本或利润很低。它们需要大量经费以吸引分销商,因为它需要

高水平的促销努力,以达到营销的目的。在推出新产品时,营销管理层
要为各个营销变量分别设立高或低两种水平。当只考虑价格和促销时,
管理层将在以下四个战略中择一而行。

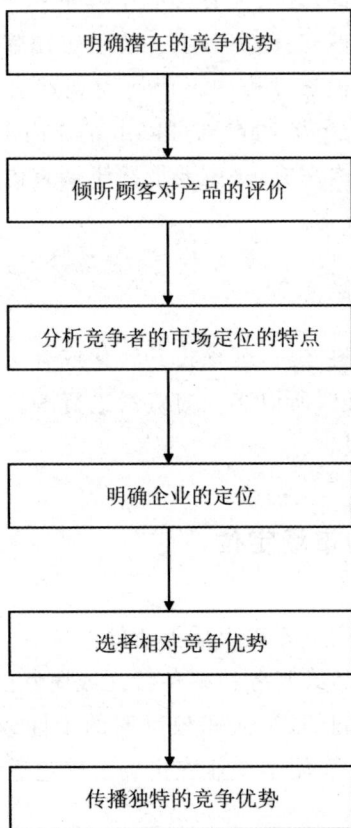

```
┌─────────────────────────┐
│     明确潜在的竞争优势     │
└─────────────────────────┘
            │
            ▼
┌─────────────────────────┐
│    倾听顾客对产品的评价    │
└─────────────────────────┘
            │
            ▼
┌─────────────────────────┐
│   分析竞争者的市场定位的特点 │
└─────────────────────────┘
            │
            ▼
┌─────────────────────────┐
│      明确企业的定位        │
└─────────────────────────┘
            │
            ▼
┌─────────────────────────┐
│      选择相对竞争优势      │
└─────────────────────────┘
            │
            ▼
┌─────────────────────────┐
│     传播独特的竞争优势     │
└─────────────────────────┘
```

图 10-6　市场定位的步骤

1. 缓慢掠取战略

即以高价格和低促销方式推出新产品。

2. 快速掠取战略

即以高价和高促销水平的方式推出新产品。

3. 缓慢渗透战略

即以低价格和低促销水平推出新产品。

4. 快速渗透战略

即以低价格和高促销水平的方式推出新产品。

(二)产品成长阶段的营销战略

成长阶段的标志是销售量迅速增长。此时,由于有大规模的生产和利润机会吸引,新的竞争者也开始进入该市场,他们通过大规模生产来提高吸引力和利润。在成长阶段,创业者为了尽可能地维持市场增长可以采取下列战略。

第一,企业进入新的分销渠道。

第二,企业增加新式样和侧翼产品。

第三,企业进入新细分市场。

第四,企业改进产品质量和增加新产品的特色和式样。

第五,企业的广告从产品知名度转移到产品偏好上。

第六,企业在适当时候降低价格,以吸引另一层次对价格敏感的购买者。

第三节 新创企业的财务管理

一、财务管理的原则

创业企业在生产经营过程中会发生很多的财务活动,但这些财务活动必须遵循一些基本的行为规范,概括来说,创业财务管理活动的基本原则总结为以下几个方面(表10-5)。

表 10-5　财务管理的原则

财务管理的原则	具体阐述
成本—效益原则	创业企业财务管理的盈利性目标要得以实现，就要求企业要降低成本，不断提高效益，实现最小的成本支出获取最大的收益。成本—效益原则应该体现在企业的整个财务管理活动中，追求产值或利润最大都要建立在合适成本的基础上
风险与收益均衡的原则	高风险高收益是市场经济的基本规律，创业者要思考自己能接受的最大风险是什么，在最大风险的范围内在收益与风险之间取得均衡状态，采取合适的财务管理活动。创业者还要对各种风险因素作深入研究和仔细分析，慎重决策，避免"好大喜功"给企业带来严重后果
资源合理配置原则	从资源配置角度来说，企业是将筹集到的财务资源进行再组合、再分配的一个组织，理想状态下，这应该是达到最优组合，发挥组织最大效用的组织。创业企业不仅应十分重视如何取得最低成本的财务资源，还要将这些珍贵的财务资源合理配置
利益关系协调原则	创业者如果是初次创业的话，可能会无法理清各种各样的财务关系，创业企业可能还没有足够的时间、精力和经验来建立确保经营者的利益与企业的利益相一致的机制。但有几个利益关系企业必须要首先处理好。第一，依法纳税，这是妥善处理与国家的利益关系的基础。第二，确保员工的薪资收入和各项福利，这是处理好与员工的利益关系的重要内容。在处理好财务关系的基础上，企业才能开展各项活动，实现综合发展

二、新创企业财务管理的目标

创业企业从事理财活动所要达到的目的就是创业财务管理目标。概括来说，创业财务管理的目标主要有以下几种（表 10-6）。

表 10-6　新创企业财务管理的目标

新创企业财务管理的目标	具体阐述
企业价值最大化	企业价值最大化是企业全部资产的经济价值，是企业资产未来预计现金流量的现值之和。企业不仅是股东的企业，企业价值的增加是股东财富的增加和债务价值的增加合计，而债务价值是可以随着市场利率的波动而波动的。企业价值最大化拥有股东财富最大化具备的所有优点。而且因为考虑了企业的价值而非价格，能克服价格受外界因素干扰的弊端，还兼顾了其他的利益相关者。但是可操作性差以及难以计算和衡量是其最大的缺点
股东财富最大化	企业是股东的企业，股东创办企业就是要增加股东财富，股东财富可以用股东权益的市场价值衡量。股东财富最大化相对利润最大化而言，考虑了货币时间价值、风险价值，有助于规避企业的短期行为，并且也考虑了利润与投入资本之间的关系。但股东财富最大化仍然有其不足之处。例如，只有上市公司才能使用股东财富最大化目标，非上市公司无法衡量股价的高低；即使上市公司股价的变动也受到多种因素的综合作用等

续表

新创企业财务管理的目标	具体阐述
利润最大化目标	利润最大化强调了创业企业的生产经营活动的目的在于利润,企业创造的财富可以用利润来表示,利润越多则企业财富增加得越多,距离企业的财务管理目标越近。这一目标简单实用,容易计算和比较。但是也有很大的局限性,如没有考虑货币时间价值因素和风险因素,没有考虑投入资本与创造利润之间的关系,也容易让企业经营者过分关注短期利润。导致短期行为,忽视企业的长期发展

三、新创企业财务管理的具体内容

具体来说,财务管理包括以下几方面内容。

(一)财务决策

制定财务决策时,创业者应注重以下几方面:掌握资金运动规律,注意从公司经济、市场经济、产业经济的角度,对财务问题进行多方面考察。

(二)财务制度建设

财务制度是集团最重要的规章制度,无论公司大小都必须制定严格清晰的财务管理制度。

(三)财务战略

如何建立财务战略、如何制定财务战略、如何实现财务战略以及执行财务战略,这些也是新创企业必须提高的能力。

（四）资金管理

创业起步阶段，资金不足是普遍现象，所以，企业管理者要通过多种办法加强资金管理，使有限的资金发挥更大的作用。

（五）成本控制

成本控制是企业增加盈利的根本途径，是抵抗内外压力，求得生存的重要保障，也是企业发展的基础。所以，对于新创企业来说，应该采取一定的措施来进行成本控制。

（六）财务人员配备与素质的提高

新创企业的财务人员普遍欠缺现代财务管理的技能，特别是在财务管理、财务决策方面需要快速提高。财务人员选择与配备要本着忠诚、可靠、专业、精干的原则进行，同时要加强财务人员的思想素质和业务素质的培养与培训。

四、新创企业日常财务管理注意事项

（一）印章

公司印章一般都包括行政章、财务章、合同章和部门专用章。一般情况下，公司行政章、合同专用章可指定综合办公室专人负责管理，公司财务专用章仅在公司对外开具的票据和办理与公司相关的金融事务以及财务报表时使用，可由公司财务部门负责人管理。财务章涉及对外开具票据或支票时使用，所以要妥善保管。公司进行对外宣传，企业管理对外业务，公司决策，行政事务等有关文书，就需用到行政章或合同专用章，一般由总经理的审批方可办理。公司生产、经营、管理部门专用章只用于本部门对外的一般业务宣传或代表本部门向公司书面汇报情况或提议。印章是公司经营管理活动中行使职权的重要凭证和工具，印章的管理关系公司正常的经营管理活动的开展，甚至影响公司的生存和发展。

（二）支票

支票是出票人签发的，委托办理支票存款业务的银行或者其他金融机构在见票时无条件支付确定的金额给收款人或者持票人的票据。不管是现金支票还是转账支票，最终目的就是能够在银行兑现，这就需要在开户行里一定要有足够的余额支付你所要支出的支票款项。需要注意的是，支票是以存款人在银行有足够的存款或透支额度为基础的，它虽由银行信用产生，但不是信用工具，而是一种支付工具。

1. 支票的类型

根据不同的标准可以将支票分为不同的类型（表 10-7）。

表 10-7　支票的类型

不同的分类标准	不同的类型	具体阐述
根据是否支付现金进行分类	现金支票	现金支票可用来向银行提取现金
	转账支票	转账支票只能通过银行进行划拨转账，不能提取现金
根据是否记载收款人进行分类	记名支票	记名支票又称抬头支票，会记明收款人名称
	不记名支票	不记名支票又称来人支票，不会记明收款人名称
根据支付期限进行分类	即期支票	即期支票银行见票立即付款
	定期支票	定期支票写有付款日期，银行在支票到期时才予以付款

2. 开具支票时应注意以下问题

在开具支票时应注意以下问题。

第一，签发支票应使用碳素墨水或墨汁填写，签发日期应用大写数字。

第二,要确定你所要支付的单位,一般支票在企事业单位的财务中都有严格的要求,就是不允许收款人名称栏中为空白,但也有例外的。

第三,开转账或现金支票时要确定日期,非必要最好不要超过你所开出的当天日期。

第四,分别填上金额的大写、小写和用途,如不填上用途的话,银行是不会支款的,注意大小写金额必须一致。

第五,不论是现金支票,还是转账支票,背书人的银行预留印鉴都要与支票上你所签发的单位收款人一致,否则银行不予受理。

第六,请注意支票的兑现期为10天。

第七,转账支票和现金支票明显的区别就在于现金支票需要以单位的财务专用章加盖骑缝章,银行才会视为有效,否则不予受理,转账支票就不用了。

参考文献

[1]田永伟,吴迪．大学生职业发展指导 大学生生涯发展定位和职业生涯规划[M]．北京:光明日报出版社,2019.

[2]迟云平．职业生涯规划[M]．广州:华南理工大学出版社,2019.

[3]刘玉升．大学生职业生涯规划与就业指导[M]．苏州:苏州大学出版社,2018.

[4]崔邦军,薛运强．大学生入学教育与职业发展规划[M]．北京:北京理工大学出版社,2018.

[5]祝杨军．生涯教育的逻辑[M]．北京:首都师范大学出版社,2018.

[6]谢珊．普通高等教育"十三五"规划教材 新编大学生职业生涯规划与就业指导[M]．北京:中国轻工业出版社,2017.

[7]王林,王天英,杨新惠．大学生职业生涯与就业指导[M]．北京:中国铁道出版社,2018.

[8]龚芸,辜桃．大学生职业取向与职业规划[M]．北京:中国社会出版社,2017.

[9]武林波．规划自我 启程远航 大学生职业生涯与发展规划[M]．银川:宁夏人民出版社,2017.

[10]任晓剑,姚树欣．大学生职业规划与创新教育[M]．北京:国家行政学院出版社,2017.

[11]李可依,毛可斌,朱余洁．大学生职业生涯规划[M]．上海:上海交通大学出版社,2017.

[12]陈宝凤．大学生职业生涯规划[M]．哈尔滨:黑龙江大学出版社,2016.

[13]邱仲潘,叶文强,傅剑波．大学生职业生涯规划[M]．北京:清华大学出版社,2017.

[14]孟喜娣,王莉莉．职业生涯规划[M]．北京:北京邮电大学出

版社,2017.

[15]李培山. 大学生职业生涯规划与就业[M]. 大连:辽宁师范大学出版社,2017.

[16]苏文平. 职业生涯规划与就业创业指导[M]. 北京:中国人民大学出版社,2016.

[17]谭禾丰. 职业生涯规划与就业指导[M]. 北京:机械工业出版社,2016.

[18]夏雨,李道康,王苇. 大学生职业发展与就业创业 双色版[M]. 上海:上海交通大学出版社,2016.

[19]于广东,鲁江旭等. 大学生职业生涯规划与就业指导[M]. 北京:中国轻工业出版社,2016.

[20]王俊. 职业生涯规划[M]. 南京:东南大学出版社,2016.

[21]高静,吴梦军. 迈向职场成功之路 职业发展与就业创业指导[M]. 济南:山东人民出版社,2015.

[22]徐凯. 大学生职业生涯规划与就业创业指导[M]. 西安:西安电子科技大学出版社,2016.

[23]陈梦薇,刘俊芳,李晓萍. 生涯规划与职业发展[M]. 南京:东南大学出版社,2015.

[24]顾雪英. 大学生职业生涯发展与管理[M]. 南京:东南大学出版社,2013.

[25]杨红英. 大学生职业生涯规划[M]. 昆明:云南大学出版社,2015.

[26]方伟. 大学生职业生涯规划咨询案例教程[M]. 北京:北京大学出版社,2015.

[27]覃玉荣. 职业规划能力提升与就业指导[M]. 上海:上海交通大学出版社,2014.

[28][美]格林豪斯. 职业生涯管理[M]. 王伟,译. 北京:清华大学出版社,2014.

[29]李保城,刘效强. 大学生职业发展与就业指导[M]. 济南:山东人民出版社,2014.

[30]张再生. 职业生涯规划(第 5 版)[M]. 天津:天津大学出版社,2014.

[31]明照凤. 大学生职业生涯规划[M]. 济南:山东人民出版

社,2013.

[32]邱广林.职业生涯导航[M].广州:暨南大学出版社,2013.

[33]韩旭彤,张录全.大学生职业规划与就业创业指导[M].北京:现代教育出版社,2013.

[34]钟召平,王剑波,李瑞昌.大学生职业规划与就业创业指导[M].济南:山东人民出版社,2013.

[35]陈丹,何萍.大学生体验式生涯管理[M].北京:机械工业出版社,2013.

[36]张瑞英,刘克非.大学生职业生涯规划与就业指导[M].北京:北京理工大学出版社,2013.

[37]李花,陈斌.大学生职业发展规划与就业指导[M].北京:北京师范大学出版社,2012.

[38]林海英.全民阅读 从零开始学创业[M].北京:中国华侨出版社,2015.

[39]吴增源,钮亮,虎陈霞.电子商务创业管理[M].上海:上海交通大学出版社,2015.

[40]张月云,张晗,李晓云.创业基础[M].天津:南开大学出版社,2019.

[41]罗建国.大学生创新创业概论[M].北京:煤炭工业出版社,2018.

[42]杜鹏举,罗芳.大学生创新创业基础[M].北京:中国铁道出版社,2018.

[43]李晓波,杨志春,徐惠红,王飞,庄蕾.大学生职业生涯规划与发展(第2版)[M].北京:化学工业出版社,2014.

[44]吴继霞,吴铁钧,黄文军.大学生生涯发展规划理论与实务[M].苏州:苏州大学出版社,2012.

[45]王兆明,顾坤华.大学生就业创业实务 修订版[M].苏州:苏州大学出版社,2017.

[46]陈彩彦,兰冬蓉.大学生职业生涯规划[M].北京:航空工业出版社,2018.